Dr Jean Drouin

Vieillir en jeunesse!

Comprendre et contrer
les effets du vieillissement

Le Dauphin Blanc

Du même auteur chez le même éditeur :

Guérir sa vie, 2006.

Vieillir, c'est s'approcher un peu plus tous les jours du moment présent.

Jean Drouin

TABLE DES MATIÈRES

INTRODUCTION

Il est trois heures du matin. Jacques n'arrive pas à s'endormir. Il aura soixante ans demain et soudain, c'est la panique. « J'ai oublié de vivre! », se dit-il avec amertume. En douceur, il regarde sa conjointe qui dort profondément, il angoisse et soudain il meurt d'envie de lui transmettre son état d'âme. Professeur d'informatique au secondaire fort reconnu dans sa région, il est impliqué dans la communauté, notamment par le scoutisme et des groupes sociaux. Toute sa vie s'est déroulée à un rythme d'enfer. Dans la vingtaine, il épouse Ginette qui lui donne trois belles filles. Souvent absent, il est « présent » à sa famille comme il le peut. La passion de vivre et de foncer l'a toujours animé, mais à 45 ans, il a frappé un mur : un épuisement professionnel. Il s'est juré de ne plus jamais vivre un tel épisode. Il a alors décidé de prendre le volant de sa vie. Oui, il l'a fait, mais dans un état de stress constant : diète rapide, club sportif, repas d'affaires et soirées mondaines, sans parler des grandes fêtes de famille où il ne faisait que passer.

Cette même nuit, il se rappelle son dernier bilan de santé.

- ✓ 60 ans
- ✓ Tour de taille de 110 cm (normale : 102 cm et moins),
- ✓ Indice de masse corporelle de 30 kg/m^2,
- ✓ Hypertension artérielle, médication en cours
- ✓ Hypercholestérolémie, prise d'hypolipémiant
- ✓ Trouble du sommeil (éveil fréquent, fatigue au matin), prise de mélatonine, 1 mg au coucher

À la lumière du concept de santé globale, nous le découvrirons un peu plus.

Génétique : son père est décédé à 52 ans d'un infarctus du myocarde.

Alimentation : il mange de tout et trop. Il aime le sucre et le sel.

Mouvement : il est sédentaire. Son sport favori est l'écoute du football à la télé et il participe à quelques parties de bridge par semaine.

Environnement : maison et locaux de travail sans particularité.

Psychologique : il vit en harmonie avec sa conjointe.

Spiritualité : il se dit athée et déçu des religions.

Cette nuit-là, il se dit : « Qui es-tu, Jacques? Où va ta vie? » Un long silence angoissant l'envahit. Dans la vie, pour réussir, il faut être une personnalité tonique et active, une personnalité de type A, qui dit oui plus souvent qu'à son tour, même si son horaire chargé lui inspire le contraire. Sa devise est évidente : si vous voulez déléguer un travail, il faut le demander à quelqu'un d'occupé. Cette nuit de sa soixantaine, il se lève et se rappelle la chanson de Johnny Hallyday qu'il écoutait à dix-huit ans : « J'ai oublié de vivre ». Il navigue sur Internet, trouve la chanson, l'écoute et fond en sanglots. « Ai-je passé à côté de ma vie et que m'en reste-il? »

Non seulement Jacques a le moral dans les talons, mais il regarde son corps qui a beaucoup changé depuis quelques années. Il a vieilli. Il doit l'admettre. Les courbatures fréquentes, les douleurs aux articulations, la fatigue toujours un peu plus présente et son ventre qui ne cesse de grossir... Et c'est sans compter son taux de cholestérol et sa pression sanguine que son docteur surveille régulièrement avec beaucoup d'inquiétude.

Jacques se regarde dans le miroir. Il a le teint blafard, les yeux pochés, les cheveux grisonnants et les rides marquent son visage. « Où est passée ma jeunesse? Où s'est envolée ma si grande vitalité? »

L'histoire de Jacques est celle de plusieurs personnes. De la majorité en fait. Avec le rythme de vie effréné que nous menons et avec les habitudes alimentaires et de vie en général que nous entretenons, il n'est pas étonnant que nous nous retrouvions un jour ou l'autre devant un fait indéniable : nous avons vieilli. Nous nous sentons épuisés et notre corps nous le fait savoir parfois cruellement.

Mais est-il possible de vieillir autrement? Peut-on retarder le processus de vieillissement ou du moins en atténuer ses effets néfastes sur notre organisme?

Ce sont les questions auxquelles s'attaque le présent ouvrage.

Le processus de vieillissement s'inscrit chez tous les êtres humains **dès la naissance**. Les spécialistes nous enseignent que c'est entre la 28e et la 36e année que la maturation commence son déclin. Les femmes sont à cet égard un peu plus favorisées, car elles sont à leur apogée vers 35 ans, tandis que les hommes commencent à décliner avant 30 ans. Nous comprenons facilement qu'un livre sur le vieillissement ne s'adresse pas uniquement aux personnes âgées, mais qu'il s'adresse aussi aux gens de 30 ans et plus et même aux plus jeunes qui veulent prévenir tout en goûtant aux plaisirs de la vie, et ce, en commençant dès l'âge de 30 ans à stocker des munitions en prévision des agressions que subira l'organisme à 60 ans.

Pourquoi certains d'entre nous commencent à vieillir plus tôt que d'autres? Scientifiquement, nous commençons à peine à saisir les mécanismes du vieillissement. La rapidité avec laquelle tourne l'horloge du temps dépend en grande partie de notre manière de vivre. C'est souvent intellectuellement que le vieillissement s'installe. Au fur et à mesure que les recherches se précisent, il devient de plus en plus clair que notre longévité ne dépend pas d'un seul, mais de plusieurs facteurs. Nous traiterons donc l'antivieillissement à partir du concept de santé globale, concept déjà traité dans mon livre précédent *Guérir sa vie*.

CONCEPT DE LA SANTÉ GLOBALE

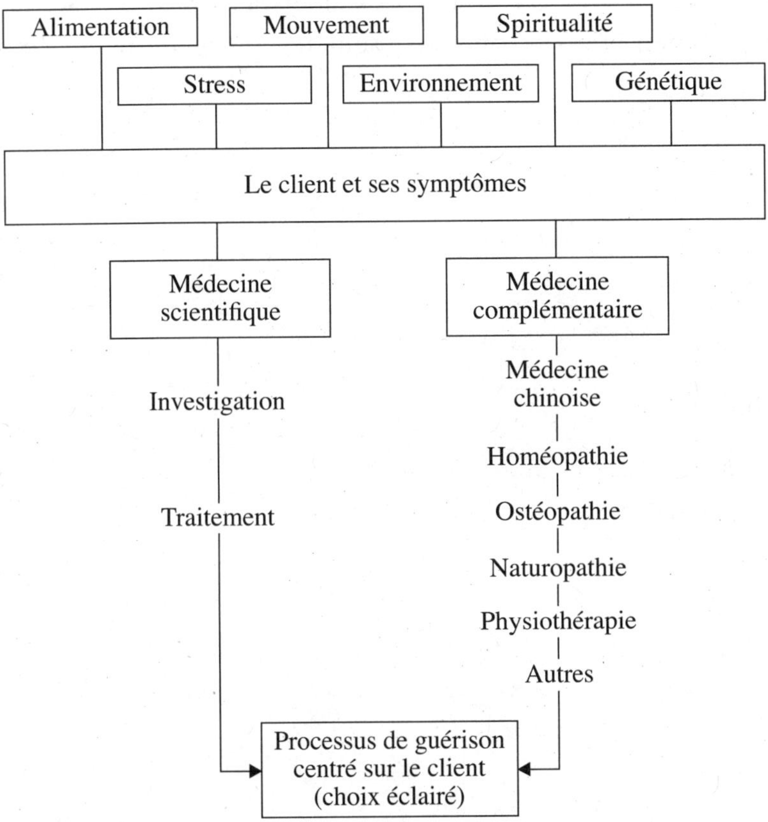

Cet ouvrage nous placera sur le chemin de « l'épicurisme conscient » pour bien vieillir. Nous serons partagés entre le plaisir de vivre et la mission de notre vie. Nous cheminerons vers un apprentissage basé sur les grandes traditions, le bon sens et les recettes concrètes du courant actuel de l'antivieillissement, sans austérité ni torture. Pour bien vieillir et rester jeune le plus longtemps possible, il n'est pas question de devenir rigide et sévère, encore moins de s'imposer une vie ascétique! Une meilleure compréhension de notre organisme et quelques notions de santé et d'alimentation seront nos meilleurs outils pour vieillir en jeunesse!

Premier chapitre

LE VIEILLISSEMENT

En juillet 2008, le magazine *L'Actualité*, sous la plume de Jonathan Trudel, nous surprend. Il raconte que, dans un long discours au Massachussetts Institute of Technology (MIT), le futurologue et inventeur américain Ray Kurzweil dresse un bilan du processus de vieillissement et il pose la question ultime : « Pourquoi ne pas défier la mort? » Cette avancée technologique pourrait devenir possible grâce aux progrès en génie génétique, en pharmacogénomie, en bio-informatique et en nanotechnologie : « Levons nos verres à l'immortalité », lance-t-il. Étonnant, n'est-ce pas? Encore plus étonnant, Kurzweil déclare : « Il faut se réveiller. Vieillir tue ». Chaque jour sur la planète, cent mille personnes meurent littéralement de vieillesse. Selon lui, il faut réparer les dommages liés au vieillissement au fur et à mesure qu'ils apparaissent. En attendant le grand jour où les hommes découvriront le secret de l'éternelle jeunesse, Kurzweil suit rigoureusement un programme de mise en forme (vitamines, minéraux, eau alcaline, thé vert).

La communauté scientifique se penche depuis de nombreuses années sur cette quête de jeunesse. Depuis 1930, on sait que la restriction calorique favorise la longévité. Dans les années 90, Cynthia Kenyon, chercheuse de l'université de Californie à San Francisco et membre de l'Académie nationale des sciences des États-Unis, est parvenue à doubler la longévité d'un nématode (petit ver commun) en modifiant un de ces gênes. Depuis, elle a acquis la conviction que le vieillissement humain n'est pas absolument irréversible. Par exemple, par le génie génétique, nous pourrions songer à modifier le gène récepteur du gras qui était si important pour nos ancêtres qui chassaient et travaillaient dur, mais qui aujourd'hui devient une nuisance à cause de la baisse d'activités physiques. Est-ce dire que notre code génétique n'a pas suivi l'évolution?

Que se passe-t-il quand nous vieillissons?

Mais pourquoi vieillit-on et quand devient-on vieux?

Le Dr Henri Bianchi, psychogérontologue, nous offre une grille afin de nous aider à mieux comprendre les différentes facettes du vieillissement en tenant compte des systèmes touchés.

Le vieillissement d'après le Dr Henri Bianchi

Signes pathologiques :

1 - Augmentation du cholestérol et de la pression artérielle;

2 - Ostéoporose;

3 - Atrophie cérébrale;

4 - Réduction des défenses immunitaires.

Signes morphologiques :

1 - Cyphose (le dos courbé);

2 - Gain de poids;

3 - Perte d'élasticité de la peau;

4 - Pigmentation de la peau.

Signes fonctionnels :

1 - Motricité plus lente;

2 - Diminution de l'ouïe;

3 - Diminution de l'acuité visuelle;

4 - Réduction de la capacité d'expiration;

5 - Insuffisance d'oxygène sous stress;

6 - Réduction de la capacité musculaire;

7 - Lassitude.

Fonctions cognitives :

1 - Dépression;

2 - Difficultés d'apprentissage;

3 - Impatience;

4 - Insécurité;

5 - Inattention.

À cette description classique, il convient d'ajouter quelques données récentes.

Symptômes :

1. Dégénérescence maculaire (vision);
2. Fonction vaginale (Atrophie);
3. Fonction sexuelle (dysfonctionnement érectile).

Changements hormonaux :

1. GH, hormone de croissance (hypophyse);
2. Estrogène;
3. Progestérone; Gonades
4. Testostérone;
5. DHEA, la déhydroépiandrostérone (surrénales);
6. Fonction prostatique (prostatisme);
7. Fonction musculaire (faiblesse);
8. Intestin (flore);
9. Disques vertébraux (collagène);
10. Peau (élasticité).

On observe de plus une diminution de l'activité enzymatique à tous les niveaux. Ceci peut se présenter sous forme de troubles digestifs vagues, de ralentissement de l'action de division cellulaire (ADN), de changement de la texture des cellules et de production hormonale qui diminue.

Il est inscrit dans nos gènes quand commencera le processus de vieillissement et à quel rythme il progressera. La capacité des cellules à se multiplier par division cellulaire n'est pas illimitée et varie en fonction des individus. Ce processus d'élimination a été mis en évidence par le biologiste américain Leonard Hayflick en 1961. Selon lui, la division des cellules est rendue possible par la présence de télomères qui sont de petits capuchons recouvrant l'extrémité des chromosomes. À chaque division, ces séquences de répétitions raccourcissent et, une fois épuisées, les cellules ne peuvent plus se multiplier et elles meurent. Une enzyme importante récemment découverte appelée télomérase permet aux capuchons de durer plus longtemps. Tout le problème est maintenant de savoir si cette enzyme est capable ou non de ralentir le vieillissement. La quantité de télomérase présente dans le corps est déterminée par le patrimoine génétique. Cependant, les scientifiques constatent qu'il y a une relation entre la taille des télomères et nos habitudes de vie. On rapporte que les mères d'enfants atteints de maladies chroniques ont des télomères plus courts que la moyenne, ce qui démontre qu'un stress chronique influe sur la division cellulaire. Cette belle leçon de génétique nous incite à gérer le stress au quotidien et surtout à lire les effets qui se manifestent par des cris du corps.

Mutation des gènes

Certains facteurs environnementaux peuvent sans doute jouer un rôle déterminant dans notre longévité. Ainsi, l'influence des radiations sur le code génétique occasionne des mutations d'ADN. D'autres erreurs peuvent occasionner des mutations ou des variations dans la production d'ADN, par exemple la production d'agents tels les radicaux libres qui se perpétuent par la division cellulaire. Notre corps possède une capacité de réparation limitée; passé un certain stade, les dégâts sont trop importants et la fin approche. Le vieillissement est donc intimement lié à l'accumulation de cellules défectueuses dans l'organisme.

Le but de cet ouvrage est de transmettre un programme d'information et de conscience de l'accumulation de cellules défectueuses et d'entrainer des attitudes correctrices pour retarder cette dégradation cellulaire. Tentons de pénétrer dans la cellule pour intégrer la conscience des agresseurs les plus sournois : les radicaux libres. Dans le processus de vieillissement, il faut de plus identifier un joueur de taille : le système immunitaire. Ce système doit être gardé alerte et en constante vigilance, car on sait qu'avec le vieillissement il répond moins rapidement aux agressions. Il en résulte une fragilité accrue aux grippes et aux infections de tout genre. Par exemple, les pneumonies sont une cause fréquente de décès chez les personnes âgées, après les maladies cardiovasculaires et le cancer. Le troisième joueur important du vieillissement est la qualité de notre système hormonal.

Les trois facteurs du vieillissement

Trois facteurs influencent donc directement le vieillissement :

Stress oxydatif (radicaux libres)
Immunité
Hormone

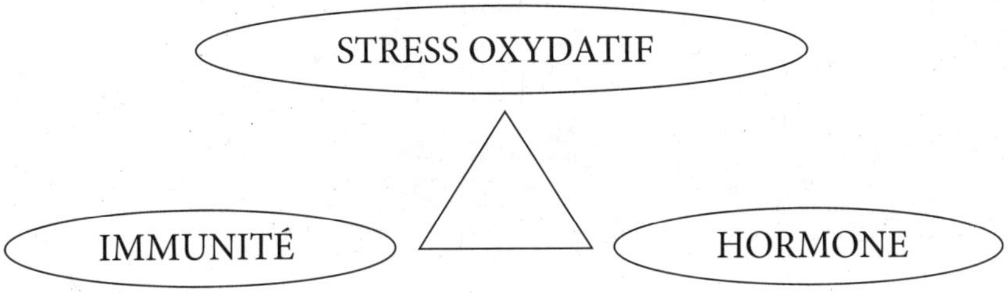

Chapitre II

LES TROIS FACTEURS DU VIEILLISSEMENT

A- Le stress oxydatif et les radicaux libres

Pour bien comprendre cette difficile notion, un voyage à l'intérieur de la cellule s'impose. La mission de la cellule est de produire de l'énergie. La production d'énergie permet le fonctionnement de la cellule et ensuite de l'organe à laquelle elle appartient. Pour que tout fonctionne bien, l'unité fonctionnelle productrice de l'énergie de la cellule, la mitochondrie, utilise l'oxygène pour maximiser la production de l'adénosine triphosphate (ATP), (le cycle de production de l'énergie appelé cycle de Krebs). Mais en libérant l'énergie, elle produit des déchets hautement inflammatoires appelés radicaux libres. Avec le vieillissement, les mitochondries produisent de plus en plus de radicaux libres.

La cellule

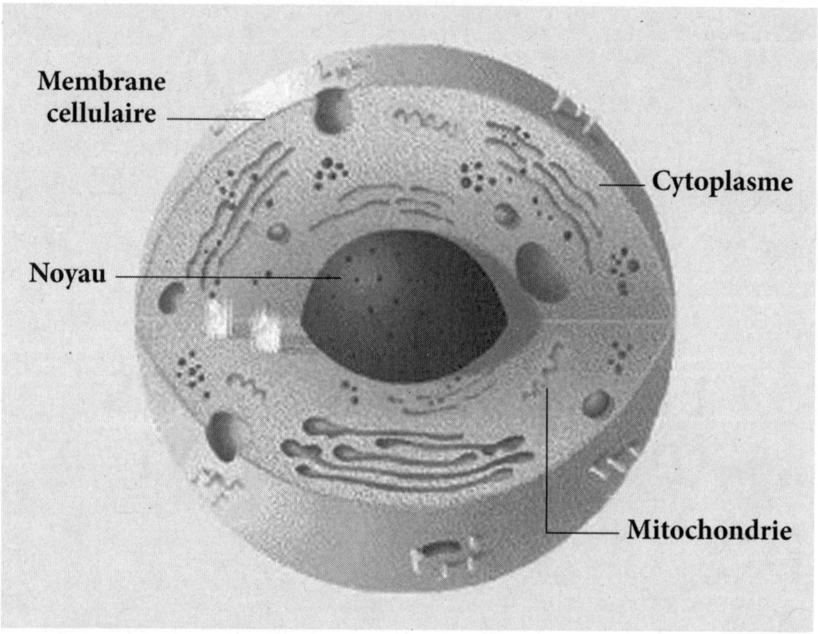

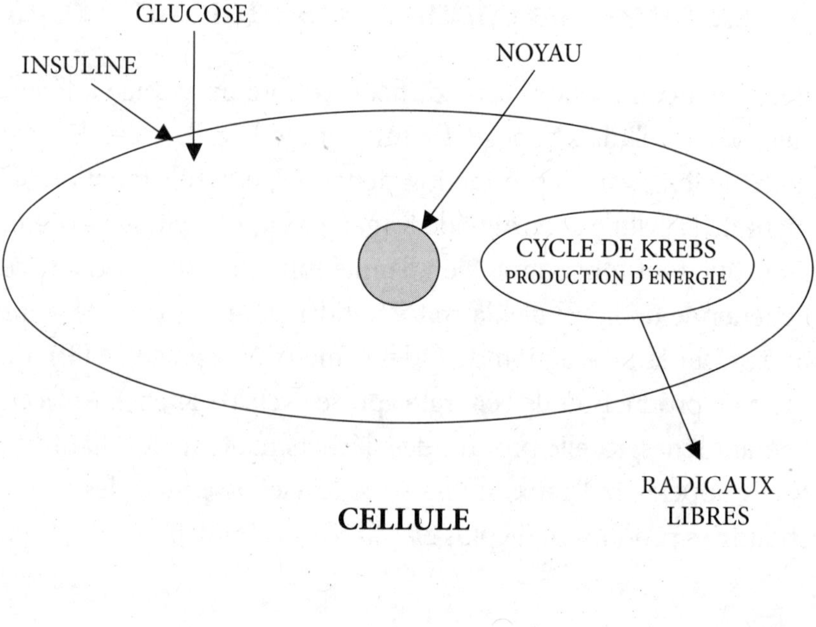

CELLULE

Les recherches actuelles nous révèlent que la production de ces radicaux libres finit par « stresser » les cellules et les endommager. Ces lésions pourraient être à l'origine de plusieurs maladies chroniques comme le cancer, les maladies cardiovasculaires, les cataractes, certaines inflammations articulaires (arthrite), les maladies auto-immunes, certains problèmes neurologiques et le vieillissement prématuré. Les radicaux libres, molécules hautement réactives, sont produits quand l'oxygène oxyde les aliments dans les mitochondries. La plupart des molécules que nous connaissons contiennent des électrons en paires, mais les radicaux libres possèdent des électrons de façon impaire. Ces radicaux libres enlèvent des électrons à d'autres molécules pour faire leurs propres molécules, créant un déséquilibre dans le système. Les radicaux libres ne sont pas toujours d'origine alimentaire. Ils peuvent être produits par la pollution atmosphérique comme l'ozone, l'oxyde nitreux présents dans l'air pollué par la fumée de cigarette. Nous respirons 25 000 fois par jour et passons 90 % de notre temps à l'intérieur. Si la qualité de l'air de notre habitat est médiocre, il ne faut pas nous surprendre d'un vieillissement prématuré et d'une fatigue excessive. Le résultat de ce déséquilibre contribue à créer, souvent, un processus inflammatoire.

L'inflammation

L'inflammation peut donc résulter du processus du stress oxydatif. Une inflammation peut provenir aussi des infections, des médicaments et des produits chimiques qui nous environnent. Elle peut être à l'origine de l'ischémie, c'est-à-dire du blocage de certaines artères, de traumatisme, d'accidents qui vont activer des cellules du système immunitaire que l'on appelle les phagocytes. Par exemple, chez les personnes qui souffrent de colite ulcéreuse ou de la maladie de Crohn, les radicaux libres sont présents en forte quantité dans l'intestin. Est-ce que cette abondance de radicaux libres pourrait augmenter le risque de cancer dans ce cas?

Les antioxydants

Les dommages créés par le stress oxydatif et nos expositions aux polluants environnementaux peuvent être diminués par la prise d'antioxydants. Les antioxydants sont des composés solubles dans les lipides et aussi dans l'eau. Certains antioxydants sont des inhibiteurs préventifs et bloquent l'initiation de radicaux libres. Cette inhibition préventive inclut la défense enzymatique et apporte une protection supplémentaire au système. Le glutathion, le bêtacarotène, les agents chélateurs comme les acides organiques et certaines plantes (polyphénols) représentent ce groupe d'antioxydants préventifs et ils peuvent capter des atomes d'oxygène et les détruire. Certains antioxydants ont une fonction de briseur de chaines de radicaux libres, comme la vitamine E et la vitamine C. Prenons l'exemple du diabète pour mieux comprendre.

Quant au bêtacarotène, une étude a observé une augmentation de 18 % des cancers du poumon chez les hommes qui prenaient un supplément vitaminique de 20 mg de bêtacarotène par jour.

Toutes ces recherches nous laissent toujours dans le doute sur cette fameuse question de la prise systématique de suppléments alimentaires. La meilleure solution réside dans « le gros bon sens » : c'est-à-dire tendre à combler nos besoins en antioxydants en améliorant notre alimentation et en consommant des petits fruits et des légumes verts qui sont la base du régime méditerranéen. Si ces aliments sont biologiques, l'effet n'en sera que plus présent.

Les oxydants, les antioxydants et le diabète

Rappelons-nous que les oxydants (aussi appelés radicaux libres ou *reactive oxygen species*) sont des molécules hautement réactives qui contiennent de l'oxygène. Certains oxydants ont un électron célibataire (comme l'anion super oxyde O_2 et le radical d'hydroxyde OH) ce qui leur donne une charge électrique et une réactivité augmentée. D'autres oxydants n'ont pas d'électrons célibataires, mais sont très réactifs, comme le péroxyde d'hydrogène (H_2O_2). De là le lien avec le stress oxydatif et le diabète. Les particules de lipoprotéine de basse densité (LDL) oxydées sont captées par les macrophages circulants et sont transportées dans le compartiment interstitiel de l'artère vasculaire où les plaques d'athérome se créent et bloquent graduellement les artères. Il existe probablement un lien entre le niveau d'hyperglycémie et le degré d'oxydation des LDL. L'effet antioxydant des vitamines C et E pourrait agir contre le stress oxydatif. Des études *in vitro* ont suggéré que la vitamine C a la propriété de freiner l'oxydation des lipides en circulation et de protéger la vitamine E contre l'oxydation. D'autres études cliniques menées auprès de sujets diabétiques et de sujets normaux ont suggéré que la vitamine E pourrait protéger les particules LDL contre l'oxydation. Un contrôle serré de la glycémie est probablement la meilleure façon de préserver l'équilibre entre les oxydants et les antioxydants. Pour y parvenir, la connaissance de la charge glycémique des aliments est impérative.

L'index glycémique est déterminé en comparant la hausse du sucre sanguin produite par l'absorption d'un aliment à celle du glucose pur. Cependant, le concept de charge glycémique semble plus réel car il tient compte de l'index glycémique multiplié par la quantité de glucides. Prenons l'exemple du riz basmati 23 gr qui a un index glycémique de 50, sa charge glycémique sera de 12, donc très acceptable. Les aliments à index glycémique plus élevé que 70 sont considérés étant dangereux à long terme. Si votre glycémie frôle la limite acceptable, la connaissance de ces aliments est impérative.

Aliment à faible indice glycémique (55 et moins)

Arachide, asperge, aubergine, brocoli chou-fleur, concombre, courgette, épinard, haricot vert, laitue, pois mange-tout, poivron, tomate	pas plus de 15
Cerise	22
Pamplemousse	25
Fève rouge, pois chiche	28
Lentille	29
Abricot sec	31
Fettuccini, lait écrémé (M&M)	32
Poire, pomme	36
Soupe aux tomates	38
Jus de pomme, spaghetti	41
Orange, raisin	42
Riz étuvé	47
Pois vert	48
Tablette de chocolat	49
Banane	53
Croustille de pomme de terre, patate douce	54
Special K	54
Cocktail de fruits en conserve, linguine, maïs soufflé, riz brun	55

Aliment à indice glycémique moyen (55 à 69)

Riz blanc	56
Jus d'orange (congelé, fait de concentré)	57
Muffin, pizza au fromage	60
Crème glacée	61
Betterave, macaroni au fromage, raisin	64
Ananas, gruau instantané	66
Pain de seigle	68
Pain de blé entier	69

Aliment à indice glycémique élevé (70 et plus)

Bonbon LifeSavers, pain blanc	70
Baguel, croustille de maïs, melon d'eau	72
Miel, petit pain empereur, pomme de terre en purée	73
Biscuit Graham	74
Beigne	75
Frites, gaufre surgelée	76
Bonbon haricot, céréale Grape-Nuts	80
Bretzel	81
Purée de pomme de terre instantanée	83
Pomme de terre au four	85
Riz instantané	91
Panais	97

STRATÉGIE ANTIOXYDANTE

ALIMENTATION — SUPPLÉMENTS — DÉSINTOXICATION

OU

DIMINUER LES ACTIVITÉS TOXIQUES

Tableau des suppléments antioxydants les plus utilisés

1. Glutathion (petit-lait)
2. Vitamine C (agrumes)
3. Sélénium (ail)
4. Resvératrol (vin)
5. Pycnogénol (pin blanc)
6. Bêtacarotène
7. Vitamine E

1. Le glutathion (GSH)

Source d'isolats de protéines de petit-lait, le glutathion est un tripeptide qui contient de la cystéine. La cystéine sert la synthèse du glutathion, ce puissant antioxydant.

Rôles du glutathion :

1. Maintenir la fonction optimale du système immunitaire, augmenter la production de l'interleukine qui est une médiatrice de l'immunité
2. Capturer les radicaux libres
3. Être un agent détoxiquant
4. Aider le transport d'acides aminés

Cet antioxydant fait l'objet de plusieurs études pour valider ses propriétés

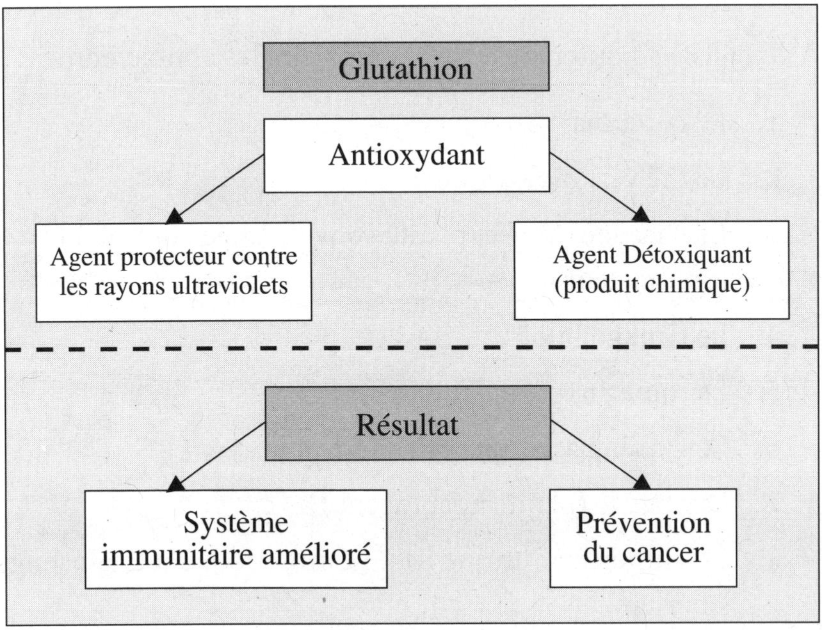

2. Vitamine C

Fruit frais (agrume)

Brocoli

3. Vitamine E

Liposoluble

Huile végétale : (carthame, tournesol, maïs, germe de blé)_

4. Bêtacarotène

5. Sélénium

6. Pycnogénol

7. Resvératrol

À cette liste s'ajoutent les plantes médicinales antioxydantes :

1. Le curcuma
2. Le thé vert biologique
3. Le chardon-Marie, plante souvent citée comme hépatoprotecteur
4. Le Ginkgo biloba
5. Le romarin
6. Le ginseng asiatique ou américain
7. L'astragale (plante adaptogène)
8. L'éleuthérocoque que l'ont nomme souvent le ginseng sibérien

Évidemment, quand on parle d'antioxydants, les herbes ne peuvent pas tout régler, mais la prévention des maladies chroniques est leur terrain de prédilection. Les ainés consomment souvent beaucoup de médicaments. Il n'est pas question de substituer une médecine à une autre, mais bien d'intégrer l'utilisation des plantes médicinales plus douces avec la prise de médicaments. L'intégration de cette médecine est souvent difficile dans notre contexte de pratique médicale étant donné que les médecins ne peuvent prescrire de plantes qui n'ont pas fait l'objet d'études scientifiques fondées sur des données probantes. À ce propos, je milite depuis plus de trente ans pour que les médecins puissent collaborer avec les naturopathes, les herboristes, les phytothérapeutes, les orthothérapeutes dans l'intérêt de la population et dans un cadre éthique et scientifique.

Revenons à Jacques qui veut se prendre en main. Il décide de visiter son médecin pour un bilan de santé. Ce dernier prescrit les examens suivants après avoir procédé à un examen physique complet :

- ✓ Glycémie (taux de sucre sanguin)
- ✓ Bilan lipidique
- ✓ Dosage de la testostérone totale (SHBG, DHA ⇨ normale)
- ✓ Protéine C réactive (indice d'inflammation du système)
- ✓ Homocystéine (normale – Indice d'inflammation du système).

RÉSULTAT

- Augmentation du cholestérol LDL (mauvais cholestérol)
- Augmentation des triglycérides
- Diminution de la testostérone
- Glycémie élevée

En résumé, Jacques souffre de diabète, d'hypertension artérielle, d'hypercholestérolémie, d'obésité abdominale et traverse l'andropause (hypogonadisme acquis). Il est donc atteint du syndrome cardiométabolique qui le place sur un espace à risque de maladie cardiovasculaire.

Syndrome cardiométabolique Présence de 3 critères (NECP – ATP – 111)	
Tour de taille	>102 cm Homme < 88 cm Femme
Tension artérielle	> ou = 130/85 mm Hg sur plusieurs prises
Triglycéride	> ou = 1,7 mmol
Glycémie à jeun	> ou = 6,1 mmol
Cholestérol HDL	< 1,0 mmol – Homme < 1,3 mmol – Femme

Pour mieux faire comprendre à Jacques sa situation, un retour sur les quatre points du vieillissement cellulaire s'impose :

1. **Les gènes** : certains gènes dits gérontogènes ont la faculté de rallonger la vie. Ils ne s'expriment pas de la même manière suivant les individus.

   Le conseil : faire le bilan génétique et la généalogie de sa famille. Si une faiblesse est notée, insister sur les six clés de la santé pour corriger.

2. **Les mitochondries** : les mitochondries produisent de l'énergie pour assurer la survie énergétique de la cellule. En vieillissant, la cellule a de plus en plus de mal à se débarrasser de ses déchets. Il en résulte des radicaux libres en circulation.

   Le conseil : Penser antioxydants en consommant des petits fruits, des légumes et si nécessaire des suppléments d'antioxydants.

3. **Les télomères** : à chaque division cellulaire, les extrémités, les télomères, se raccourcissent. Des séquences de maintenance de l'ADN faiblissent avec le temps et rendent notre génome plus vulnérable.

   Le conseil : « ménager sa monture », c'est-à-dire utiliser son énergie de vie avec conscience du stress du moment.

4. **Les hormones** : les hormones comme la DHEA déclencheront dans la cellule une série d'actions d'homéostasie, c'est-à-dire de maintien de l'équilibre. La baisse de concentration de ces molécules avec l'âge laisse des cellules en ralentissement.

   Le conseil : faire le bilan hormonal à partir de 45 ans. En véritable plan de prévention, une mesure hormonale à 25 ans permettra mieux d'évaluer les baisses à 50 ans.

Tests hormonaux sanguins :

1. Estrogène
2. Progestérone
3. Testostérone totale et SHBG et LH
4. DHEA
5. IGF_I (hormone de croissance)
6. TSH (thyroïde)

Dans certaines cliniques médicales spécialisées, certaines évaluations, comme le taux de testostérone, par exemple, peuvent être faites à partir de la salive.

B- L'immunité

Le deuxième pilier du vieillissement est le système immunitaire. Ce système constitue, à mon avis, l'avenir de la médecine scientifique. Tout est encore à explorer à son sujet : il se dérègle de plus en plus souvent. Il éprouve des problèmes d'ajustement :

1. En hyperréaction, c'est l'allergie qui domine (asthme, rhinite allergique).
2. En autoréaction, c'est la maladie auto-immune qui prend le relais. L'individu fabrique des anticorps contre lui-même (maladie de Chron, colite ulcéreuse, arthrite rhumatoïde).
3. En hyporéaction, il s'effondre en partie (syndrome de fatigue chronique) ou en totalité (SIDA).

Ce système veille aux intrus de toutes sortes par des réactions cellulaires (lymphocytes, globules blancs) et des médiateurs chimiques (cytokines, interleukines).

Ce système ne fonctionne pas seul, il a besoin encore une fois de six clés :

1. L'alimentation avec le plus d'aliments frais sans additif.
2. Le contrôle du stress : l'effet des stresseurs sur le système est bien documenté par le cortisol plasmatique, hormone de stress qui réduit la rétroaction harmonieuse et son efficacité.
3. Le mouvement et son oxygénateur qui le régénère.
4. L'environnement toxique de l'air et de l'alimentation obstrue son fonctionnement plus souvent.
5. La pratique régulière de la méditation a un effet bénéfique sur certains médiateurs du système immunitaire (interleu-

kine 6). Pour stimuler le système immunitaire, rien de mieux qu'un bon entrainement du nerf vague. Ce nerf, qui vient du cerveau, parcourt le corps et surtout sert à l'innervation de l'intestin, siège de tous les combats (virus, bactéries, levures). Les sages de la médecine chinoise antique disaient : « Un sage est un individu dont le gros intestin se porte bien ». Mais comment stimuler le nerf vague? La méditation n'est-elle pas un apprivoisement du nerf vague? Le Qi-gong, qui associe le mouvement à la médication, fait de même. En alimentation, la consommation d'avocats, de noix, d'huile d'olive, de lin et de poissons stimule la sécrétion de la cholécystokinine, hormone qui favorise le bon fonctionnement du nerf vague. En résumé, le meilleur tonique du système immunitaire devient la méditation régulière. À cet effet, le moine Mathieu Ricard fait de la méditation (ou si vous préférez l'apprivoisement du nerf vague) un pilier essentiel à la santé globale. Je vous recommande son dernier ouvrage, *L'art de la méditation*, qui présente un menu et tient compte des variations individuelles, comme les gens qui ne peuvent rester en place et méditer debout ou en marchant.

C- Les hormones

Le vieillissement sollicite une conscientisation de notre système hormonal. Si nous utilisons notre système hormonal de façon exagérée tout au long de notre vie, le prix peut être plus lourd à payer lors du vieillissement. Essayons de mieux le comprendre pour mieux les gérer.

SYSTÈME HORMONAL SIMPLIFIÉ ET SA RÉTROACTION

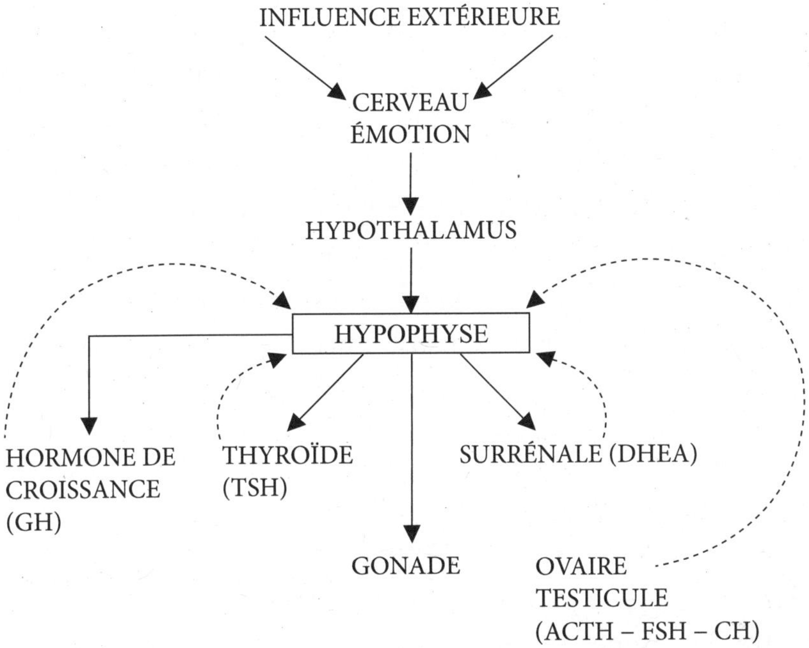

Notre système hormonal de base est composé d'une glande maîtresse que l'on nomme hypophyse et qui possède une partie antérieure et postérieure. Cette glande sécrète des hormones qui vont contrôler la thyroïde, les glandes surrénales, les ovaires et les testicules, et ces mêmes glandes font une rétroaction à l'hypophyse suivant leurs activités. Si une glande est en ralentissement, l'hypophyse sécrètera plus pour l'ajuster et, à l'inverse, pour retourner une information de sécréter de façon plus importante. L'hypophyse elle-même est sous le contrôle de l'hypothalamus qui envoie des facteurs que l'on nomme des « *Releasing Factors* » pour contrôler l'hypophyse. Mais cet hypothalamus est aussi contrôlé par le cortex et le reste du cerveau, et son cortège d'émotions. Un individu équilibré avec une bonne hérédité peut se retrouver avec un système hormonal qui peut être agressé par des traumatismes, des accidents, des émotions et toxines environnementales. Par exemple, un stress intense chez une jeune femme peut tout simplement causer l'arrêt de ses menstruations. Une femme congédiée ou vivant une rupture amoureuse peut se retrouver avec des troubles menstruels. L'importance des émotions et de la santé globale est encore une fois évidente dans cette problématique.

Examinons une glande au rôle souvent obscur et mal compris : la glande pinéale. Celle-ci sécrète une hormone que l'on nomme la mélatonine. Cette hormone commence à être sécrétée en fin de journée, quand le soleil décline, pour permettre d'entrainer le sommeil. Comme les hormones diminuent avec les années, nous avons une réserve à la naissance et, autour de la cinquantaine, la sécrétion de cette hormone diminue plus rapidement chez certaines personnes et elle peut être à l'origine de troubles de sommeil. Pour les gens de plus de cinquante ans qui ont un sommeil fragilisé, il peut être utile de prendre un milligramme de mélatonine au coucher, car la sécrétion de la glande serait de 0,7 mg/jour. Il est important de soutenir une glande suivant sa physiologie et éviter les doses importantes de remplacement. Les effets de la mélatonine (3mg/jour) sur le contrôle de la tension artérielle commencent à être bien documentés.

Une hormone sécrétée par l'hypophyse, l'hormone de croissance (GH), est sécrétée dès la naissance et est associée à l'hypersomnie chez les nourrissons pour permettre leur croissance. Il faut se rappeler que dans les premières heures et mois de sa vie, le nourrisson peut dormir jusqu'à dix-huit heures par jour. Tranquillement, cette hormone, comme toutes les autres, diminue au fil de la vie, et peut aussi créer des problèmes de sommeil, de fatigue, de symptômes qui ressemblent à la dépression. Cette hormone de croissance serait à l'origine d'une maladie que l'on nomme la somatopause. Cette hormone peut être remplacée et certains groupes médicaux aux États-Unis vont suggérer un remplacement de l'hormone de croissance, ce qui est cependant interdit au Canada.

Nous continuons notre voyage à travers les glandes. Nous retrouvons cette glande dans le cou que nous nommons la thyroïde. C'est une glande qui peut être associée au goitre si elle grossit. C'est une toute petite glande qui pèse environ quinze grammes et qui est encore une fois sous le contrôle de l'hypophyse. La thyroïde peut se dérégler en hyperfonction et on aura alors de l'hyperthyroïdie. On pourra souffrir d'hyperactivité, avec des symptômes telles une perte de poids ou l'anxiété. Ou encore le dérèglement sera un ralentissement de l'activité de la glande, et nous aurons alors l'hypothyroïdie, qui donne des symptômes de fatigue. Le poids augmente ainsi que la frilosité.

	THYROÏDE	
	SYMPTÔME	
HYPERTHYROÏDIE		**HYPOTHYROÏDIE**
NERVOSITÉ HYPERACTIVITÉ TREMBLEMENTS		APATHIE LENTEUR
TACHYCARDIE		BRADYCARDIE
DIARRHÉE		CONSTIPATION
PEAU MOITE		PEAU ÉPAISSE
SENSATION DE CHALEUR		FRILOSITÉ
		PERTE DE CHEVEUX
		VOIX RAUQUE
PERTE DE POIDS		PRISE DE POIDS

Les gens qui ont un dérèglement de la glande thyroïde ont souvent aussi une certaine instabilité émotionnelle, c'est-à-dire qu'ils ont de la difficulté à comprendre ce qui leur arrive. Ils consultent souvent en disant : « Je ne me comprends pas » ou encore « je me sens très déprimé ». Les psychiatres savent très bien que chez l'individu qui est en dépression ou qui consulte pour une fatigue ou un état dépressif, il faut mesurer la TSH étant donné qu'une thyroïde qui fonctionne au ralenti (hypothyroïdie) peut donner des symptômes qui ressemblent à la dépression. Lorsque les glandes commencent à ralentir, l'individu commence à ralentir sur tous les plans. Cependant, suivant notre hérédité ou notre sollicitation de ces glandes, ce ne sont pas toutes les glandes qui ralentissent en même temps.

Si nous continuons notre itinéraire à travers les glandes, nous nous retrouvons aux glandes au-dessus des reins, que l'on nomme les surrénales. Ces glandes sont associées à des sécrétions hormonales importantes : cortisol plasmatique (stress), minéralocorticoïde, sexuelles (DHEA). Le DHEA (la déhydroépiandrostérone) se transforme en testostérone, chez l'homme et chez la femme. La baisse de déhydroépiandrostérone peut être associée à la fatigue. On parlera alors d'andrénopause. L'individu qui a utilisé ses glandes surrénales en surchauffe toute sa vie, dans un stress constant, pourrait ressentir plus de fatigue. La médecine chinoise nous enseigne qu'il s'agit d'une baisse de l'énergie Yin, de l'énergie du rein. De plus, la glande surrénale sécrète une hormone du stress, qui est le cortisol plasmatique (notre propre cortisone). Si un stress important se présente, par exemple si vous rencontrez un ours dans le bois, le cortisol plasmatique va grimper de façon importante. Mais le cortisol plasmatique peut monter de façon aussi importante avec les petits stresseurs au quotidien, ces stresseurs souvent invisibles et non perceptibles : les messages publicitaires, les petites émotions cachées, les petits dérangements, l'adaptation de tous les jours à une surcharge de travail. Ce cortisol sera alors élevé le matin et indiquera un stress chronique qui peut se manifester par de l'hypertension artérielle ou des symptômes d'anxiété. Pour ce qui est du DHEA, on lui attribue toutes sortes de vertus sauf que les spécialistes suggèrent un supplément de 25 mg par jour, si le test sanguin nous révèle une baisse et que le patient ressent de la fatigue. Cependant, au Canada, la vente en est interdite même s'il est en vente libre aux États-Unis.

Dans notre périple sur les glandes, nous arrivons aux gonades (glandes sexuelles). Tout au long de la vie reproductive de la femme, les ovaires vont produire une ovulation. L'ovule pourrait être fécondé lorsqu'il se rend en mouvement à travers la trompe dans l'utérus. Les gonades produisent aussi des sécrétions hormonales : les estrogènes, la progestérone, et, avec la surrénale, la testostérone. Il faut se rappeler que les hommes et les femmes ont les trois mêmes hormones sexuelles, c'est-à-dire l'estrogène, la progestérone et la testostérone, mais à des niveaux différents… heureusement! À la ménopause, les ovaires sont victimes d'une baisse de sécrétion des estrogènes. À ce moment, nous pouvons voir l'augmentation de deux hormones de l'hypophyse, la FSH (*follicle stimulating hormone*) et la LH (*luteinizing hormone*), qui nous signalera que la période de ménopause est proche. Dans ce ralentissement chez la femme, la ménopause se définit comme l'arrêt des menstruations sur une période de six mois et plus. Les femmes ont un marqueur (arrêt des menstruations) qui leur indique le début de la ménopause, alors que pour les hommes, la testostérone diminue avec l'âge et ce marqueur est beaucoup plus subtil. Notre homme peut se retrouver de plus en plus fatigué, comme Jacques, et présenter certains symptômes comme des bouffées de chaleur, des troubles de mémoire, une diminution d'intérêt dans la vie : il manque de dynamisme, d'intérêt, d'initiative.

Tout cela ressemble en tout point à une dépression. Il peut présenter des symptômes articulaires, des douleurs variables d'une articulation à l'autre. Il peut aussi présenter des symptômes de dysfonctionnement érectile, c'est-à-dire qu'il peut se retrouver avec une diminution de l'érection et des troubles de désir. Lorsqu'un homme présente un trouble de l'érection, trois choses doivent être absolument vérifiées : premièrement, le niveau hormonal; deuxièmement, la dynamique du couple; troisièmement, l'état des artères (le système cardiovasculaire). Selon l'évolution de la maladie cardiovasculaire, les plus petites artères, celles du pénis donc, peuvent être bloquées, ensuite les artères coronaires et, à la fin, les artères carotides. La maladie vasculaire progresse du problème d'érection allant à l'infarctus et peut se terminer par un accident cérébrovasculaire (AVC). Il est donc primordial de vérifier l'état des artères si un trouble de l'érection survient. À cette période de leur vie (la ménopause et l'andropause), les hommes et les femmes vivent la même chose et ces conditions sont souvent reliées à leur mode de vie durant les trente ou quarante années précédentes. Si on utilise nos hormones avec la passion de vivre et une personnalité de type A, la baisse de testostérone peut apparaître dans la jeune cinquantaine. Pensons à des gens dans l'action, dans des postes de direction, les « technostressés » de notre monde par exemple. On se retrouve avec des hormones qui sont fortement sollicitées et qui peuvent se retrouver en déficit. Ces hormones peuvent être remplacées dans un mode préventif (qualité de vie). On peut choisir de changer son style de vie, l'utilisation des médecines naturelles et complémentaires pouvant être un premier choix. La médecine chinoise, l'acupuncture, certains exercices, le Qi Gong et le taï chi peuvent aider à remonter le taux de testostérone. Si nous suggérons à un homme qui est en andropause, avec une baisse de testostérone importante, un arrêt de travail pendant deux mois, il peut présenter une lente remontée naturelle de son niveau de testostérone.

À ce moment de la vie, lorsque les hormones diminuent chez la femme, des symptômes vasomoteurs se présentent : les bouffées de chaleur. On peut suggérer un supplément alimentaire en soya ou lait de soya de façon quotidienne, un à trois verres par jour. On peut aussi suggérer de consommer des graines de lin fraichement moulues à raison d'une cuillerée à soupe matin et soir. Si les bouffées de chaleur continuent, l'actée à grappes noires (actae racemosa) peut être utilisée en supplément alimentaire, ainsi que le trèfle rouge. Toute une stratégie pour soutenir l'énergie Yin, comme l'acupuncture et l'auriculothérapie peuvent être fort aidant à cette époque. À la limite, lorsque les symptômes deviennent de plus en plus fréquents, par exemple du côté sécheresse vaginale chez la femme, le soya, le « phytosoya » en crème vaginale assure une meilleure lubrification. Les derniers consensus recommandent de prescrire des hormones seulement à une femme qui a des symptômes. L'hormonothérapie traditionnelle a aussi sa place dans ce plan de traitement. Il faut se rappeler que le choix de l'hormonothérapie doit toujours faire appel au choix éclairé de l'individu. Nous souhaitons toujours une cohabitation de la médecine intégrée et de la médecine scientifique dans ce domaine. En résumé, pour soigner l'hypogonadisme acquis (chez l'homme) et la ménopause, le concept de santé globale devient incontournable.

Plante utile à la ménopause

Plante pour les symptômes vasomoteurs :

1. Soya
2. Graine de lin
3. Actée à grappe — PHYTOESTROGÈNE
4. Trèfle rouge
5. Sauge
6. Onagre
7. Luzerne

Plante dont l'action ressemble à celle de la progestérone :

1. Salsepareille
2. Alchémille

Plante à activité sédative :

1. Escholzia
2. Aubépine
3. Passiflore

Plante de type phytotestostérone (andropause)

1. Tribulus terrestris

La sexualité de la personne vieillissante

La sexualité se modifie avec l'âge, l'état de santé, la qualité des hormones et, surtout, la philosophie de vie. À cette époque, elle devient plus sage pour certains et plus fougueuse pour d'autres, en fonction des rencontres et des passions amoureuses qui ne cessent d'être présentes et qui habitent tous les êtres humains. Ce qu'il faut, c'est le retour au moment présent et à ses besoins qui devront s'ajuster à ceux du partenaire qui peut être en ménopause ou en andropause. Les gens me demandent souvent en consultation : « Quelle est la fréquence normale des relations sexuelles à cinquante et soixante ans pour un couple? » Si nous consultions les spécialistes de la sexologie, ils vous diraient que certains couples ont deux relations sexuelles par an et que c'est le nirvana, alors que d'autres en ont quatre par semaine et c'est l'enfer. Le dialogue permet alors d'établir une fréquence sans remettre nécessairement en question la relation de couple.

La peau et le vieillissement

Le vieillissement est la période des rides, des rondeurs non désirées. Prendre soin de sa peau commence par l'hydratation : boire un litre et demi d'eau nous place déjà sur un chemin de santé. Bien sûr, l'hérédité joue toujours. La protection solaire est primordiale à cet âge et il faut rapidement repérer toute lésion de peau qui noircit, augmente de volume, pique ou saigne. Ce type de condition nécessite une évaluation dermatologique, surtout si vous avez un teint pâle. Le prix de l'esthétisme peut devenir une priorité pour certains suivant leurs valeurs et leur budget. Prendre soin de sa peau, c'est déjà un petit bonheur que l'on se donne en toute intimité; il y a là quelque chose de magique pour l'âme! La qualité de la peau a aussi un lien avec la qualité de notre système hormonal vu précédemment.

CHAPITRE III

LES SIX CLÉS DU CONCEPT *GUÉRIR SA VIE* APPLIQUÉES À LA LONGÉVITÉ ET À LA VITALITÉ

Dans ma pratique de médecine, j'ai conçu un concept de santé globale que j'ai nommé *Guérir sa vie*. J'ai longuement expliqué ce concept dans mon premier ouvrage, qui portait justement le titre *Guérir sa vie,* publié chez le même éditeur. Pour les lecteurs qui ne seraient pas familiers avec ce concept, je vous l'expose brièvement avant d'en faire l'application sur le plan de l'antivieillissement.

Je fus reçu médecin en 1973. Lors de ma deuxième année de pratique, le destin m'amena à m'intéresser à d'autres formes de thérapies, à m'ouvrir à d'autres concepts sur la manière de soigner. Durant les années qui suivirent, j'étudiai les fondements de la médecine chinoise ainsi que différentes médecines parallèles et complémentaires telles que l'acupuncture, les nouvelles approches psychothérapeutiques de l'époque – l'analyse transactionnelle, la gestalt –, l'ostéopathie, l'homéopathie et les médecines de tradition pratiquées par les sages Amérindiens.

Toutes les connaissances acquises au cours de ces années faisaient de moi un médecin de plus en plus complet. Je me sentais mieux outillé pour venir en aide à mes patients. Mais surtout, ces nouvelles connaissances jumelées à celles que la médecine traditionnelle m'avaient inculquées me permettaient d'avoir une vision élargie de la santé.

Ainsi naquit le concept de santé globale *Guérir sa vie* que j'utilise aujourd'hui avec mes patients devenus des clients. Ayant réussi à enrichir ma pratique médicale, j'obtiens des résultats étonnants avec celles et ceux qui ont choisi consciemment de prendre leur santé en mains.

Ce concept de santé globale est simple. Il est basé sur les six facettes qui influencent la santé de l'être humain : l'alimentation, le stress, le mouvement, l'environnement, la spiritualité et la génétique. Lorsqu'un individu parvient à équilibrer adéquatement ces six facettes selon les périodes dans sa vie, il maximise ses chances d'être en bonne santé ou encore il favorise le rétablissement d'une santé déficiente. La beauté du concept, c'est qu'il permet à chacun d'être autonome quant à la gestion de sa santé, ou du moins d'avoir le sentiment de participer à l'édification ou à la restauration de sa santé. Avant tout, le concept de *Guérir sa vie* replace l'être humain au cœur même de sa vie.

Première clé : l'alimentation

Dans le concept de l'antivieillissement, l'alimentation est d'une importance capitale. Il nous amène à la question qui m'est posée lors de chaque conférence : « Est-ce que nous devons prendre des suppléments alimentaires, des suppléments vitaminiques? L'alimentation suffit-elle? ». Ce débat est encore très présent dans la communauté scientifique. La plupart des consultants en diététique considèrent que la prise d'une alimentation équilibrée serait suffisante. Cependant, de plus en plus, nous constatons que l'alimentation présente des carences avec notre industrie alimentaire du type « monoculture » avec pesticides, herbicides, engrais, etc. Nous recommandons de plus en plus un supplément alimentaire à partir de cinquante ans. Ce supplément alimentaire doit être ajusté au régime de vie, à l'âge et aux écarts de vie.

Il y a plusieurs années, Henri Joyeux, professeur agrégé de cancérologie de la faculté de médecine de Montpellier, directeur du laboratoire de nutrition expérimentale et chef de consultation de l'institut du cancer à Montpellier, révélait que 40 % de tous les cancers étaient reliés à l'alimentation. Déjà, à l'époque, il préconisait de faire attention aux viandes et à leurs modes de cuisson, comme la cuisson sur charbon de bois, aux aliments salés, aux aliments fumés, aux gras saturés. Il mettait déjà en garde la communauté scientifique par rapport à l'alimentation productrice de radicaux libres. La diète idéale qu'il préconisait était faible en gras et en protéines, et haute en fibres. Déjà, il favorisait le brocoli.

Plus récemment, le Dr Richard Béliveau, grâce à ses recherches, a hors de tout doute contribué à établir un lien entre l'alimentation et le cancer et surtout à ouvrir la porte à une alimentation qui protège contre les radicaux libres. Nous avons bien expliqué la façon dont l'organisme produit des radicaux libres et il faut tout simplement comprendre qu'ils sont des résidus de la digestion cellulaire qui cherchent à trouver preneurs, et que ces radicaux libres sont augmentés sous l'influence de l'alimentation chimique, l'alimentation rapide, d'une pollution atmosphérique, d'un stress important. En réaction, plusieurs individus appliquent des règlements stricts sur l'alimentation en oubliant le plaisir de vivre. Mieux vaut manger un « Big Mac » heureux que des graines de tournesol enragé!

Le Dr Béliveau présente, dans son livre *Les aliments contre le cancer*, un petit guide d'aliments contre le cancer. Voici l'apport quotidien idéal de certains aliments : chou de Bruxelles, une demi-tasse; brocoli, chou-fleur ou chou, une demi-tasse; ail, deux gousses; oignon et échalote, une demi-tasse; épinard et cresson, une demi-tasse; soya, une demi-tasse; graine de lin, une cuillérée à table fraichement moulue; tomate en pâte, une cuillérée à table; curcuma, une cuillérée à thé; poivre noir, une demi-cuillérée à thé; bleuet, framboise et mûre, une demi-tasse; canneberge séchée, une demi-tasse; raisin, une demi-tasse; chocolat 70 %, 40 g; jus d'agrume, une demi-tasse; thé vert, trois fois par jour, 300 ml; et vin rouge, un verre.

Évidemment, il est fort intéressant de regarder cet excellent guide, mais la difficulté demeure dans l'application concrète dans la vie active. Lors de conférence, je demande souvent aux gens qui d'entre eux sont capables de suivre ce guide qui est fort intelligent et très efficace? Peu ont la discipline, le temps, voire le budget pour se procurer tous ces puissants aliments antioxydants. D'où l'intérêt de regarder vers les antioxydants en suppléments. Il n'y a pas de règle disant que tout le monde devrait prendre des suppléments antioxydants, sauf que le courant d'antivieillissement américain recommande aux gens de prendre des suppléments antioxydants à partir de l'âge de quarante ans et d'augmenter leurs prises quotidiennes après la cinquantaine.

Une chose est certaine : il faut augmenter la prise d'antioxydants à partir de la cinquantaine, car les cellules produisent plus de radicaux libres.

Quelques habitudes à changer

Une des théories les plus à la mode et les plus simples à appliquer est la suivante : manger moins accroit la longévité. Prendre des repas faibles en calories et riches en antioxydants fournira une meilleure production d'énergie (ATP) et aidera la mitochondrie à se régénérer. Ainsi, la production de radicaux libres est plus faible dans de tels repas que dans un repas hypercalorique et riche en gras saturés.

Suivre les grandes tendances alimentaires (conseils) :

1. Fruits, légumes – 5 portions par jour

2. Poissons – saumon, sardine, maquereau, caplan, hareng – 3 fois par semaine pour les oméga-3

3. Céréales entières

4. Peu de sucre

5. Réduction de la consommation de viande rouge (500 g et moins par semaine)

6. Peu d'alcool – 3 verres par jour pour les hommes et 2 verres par jour pour les femmes

7. Réduction de la consommation de produits conservés dans le sel

Attitude :

1. Mangez lentement, vos centres d'appétit seront saturés plus rapidement. Demeurez toujours sur une petite faim.

2. Évitez d'être rassasié.

3. Pratiquez régulièrement la diète du noir. Préparez-vous un bon repas, servez l'assiette et un verre de vin et éteignez les lumières. Résultat : vous serez rassasié avant

d'avoir terminé! Car avec la lumière, la simple vue des aliments commence déjà à activer votre production d'insuline, favorisant ainsi l'hyperalimentation surtout si vous y ajoutez un lot d'émotions et d'ivresse.

Une enzyme au service du contrôle du poids : La SIRT 1

Une enzyme, la sirtuine 1 (SIRT 1), déjà identifiée chez l'animal, serait stimulée par la restriction calorique. Elle stimulerait à son tour une activation contribuant au bon fonctionnement de la mitochondrie.

La SIRT 1 est la cible de tous les regards scientifiques, car elle serait une clé importante dans le processus de vieillissement. Le resvératrol, un polyphénol que l'on retrouve dans le vin rouge, les fruits et les légumes, stimulerait la production de SIRT 1 (étude Calérie).

Alphatocophérol – Coenzyme Q10

D'autres chercheurs, comme Mark Mattson, sont en train de démontrer que la restriction calorique alimentaire stimulerait deux antioxydants naturels : l'alphatocophénol et la coenzyme Q10.

Les oméga-3, 6 et 9

Les oméga-3 sont présents dans le poisson tels le hareng, le saumon, la sardine et dans l'huile de colza et de noisette. Ils favorisent le métabolisme de la constitution osseuse et musculaire, mais aussi la prévention cardiovasculaire. L'effet des oméga-3 comme anti-inflammatoire est bien documenté.

Avec l'âge, l'inflammation autant des articulations que des organes devient plus importante. Puisque la théorie qui dit que vieillir est un processus inflammatoire tend à être de plus en plus reconnue, l'utilisation d'oméga-3 devient de plus en plus indiquée.

Le Dr David Servan-Schreiber a fait grand éloge des oméga-3 dans son livre *Guérir*. Il est cependant important d'établir un juste équilibre entre les oméga-3, 6 et 9. Trop souvent, le rapport existant entre les oméga-3 et 6 produit un effet inverse sur la santé. Les oméga-6 en trop importante quantité favoriseraient l'inflammation au lieu de la prévenir.

TYPE DE GRAS PRÉSENT DANS LES ALIMENTS

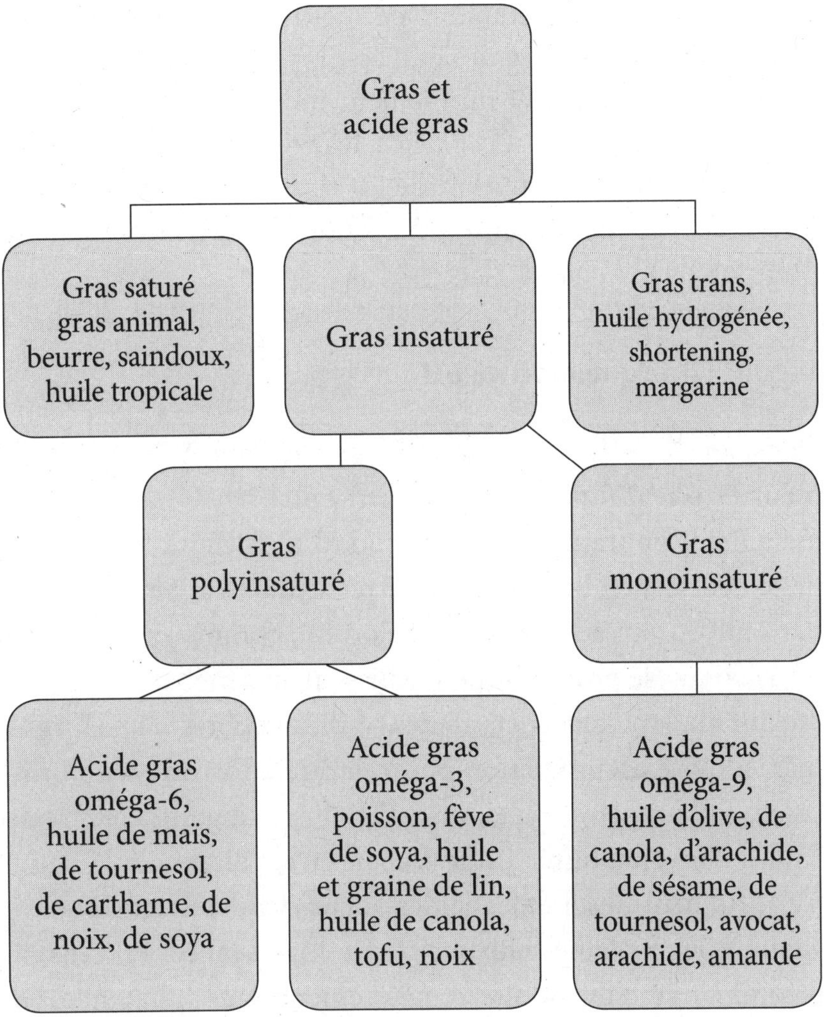

Ce tableau permet de prendre les décisions appropriées pour équilibrer les gras et ainsi viser à augmenter la consommation d'oméga-3. Ce nouvel équilibre permettra aux membranes cellulaires d'être moins rigides et d'assurer une certaine prévention cardiovasculaire et un meilleur fonctionnement du métabolisme du cerveau. À cet égard, le professeur Serge Renaud a démontré une diminution de 70 % des rechutes à la suite d'un infarctus du myocarde grâce à une bonne consommation d'oméga-3.

Vieillir : une question de pH

Dans son livre *Le secret de la longévité*, Sang Whang, ingénieur et scientifique, établit le lien entre le pH et certaines maladies. Souffrant d'hypertension, il a amélioré le contrôle de sa tension en buvant cinq verres d'eau alcaline et ionisée par jour durant six semaines. Selon lui, comme nous l'avons déjà évoqué, le processus de vieillissement serait attribuable à l'accumulation de déchets acides (radicaux libres) dans l'organisme. Cette accumulation pourrait être à l'origine d'un processus inflammatoire artériel, articulaire et digestif. Selon lui, l'utilisation d'eau filtrée (filtre à charbon) et alcaline (pH entre 8,7 et 10) neutraliserait les acides nocifs et aiderait ainsi la prévention des maladies chroniques de l'âge avancé. En plus, il recommande d'introduire régulièrement dans l'alimentation des aliments alcalins, comme la banane ou le jus de jeunes pousses d'orge. Sang Whang explique qu'il n'est pas médecin, mais chimiste et scientifique. Le fait que l'eau alcaline neutralise l'acide est de la chimie élémentaire. Il y a vingt ans, lors d'un congrès international de gynéco-obstétrique, un éminent chercheur mentionnait que le premier traitement de ses couples infertiles passait souvent par une diète alcaline!

Sang Whang mentionne l'importance de s'entourer souvent d'ions négatifs : un environnement d'ions négatifs apaiserait et augmenterait aussi le niveau d'alcalinité du système. Ces ions négatifs se retrouvent en montagne, près de l'océan ou après un orage. N'avez-vous jamais ressenti le calme après l'orage? En ville, ce sont les ions positifs qui sont en grande quantité en raison des matériaux synthétiques utilisés. Il est actuellement possible de se procurer des petits appareils émetteurs d'ions négatifs pour le bureau ou la maison. Plusieurs études préliminaires nous révèlent un effet sur les poils ciliaires contenus dans les poumons, une diminution des poussières en suspension, une amélioration du niveau de sérotonine (sommeil calme) et une meilleure oxygénation.

Le vin est un aliment presque complet

Les effets bénéfiques du vin seraient attribuables aux polyphénols qui ont une action antioxydante, et donc un effet contre les radicaux libres. On en trouverait de façon plus importante dans le cépage du pinot noir. La presse médicale européenne rapporte, en 1997, que l'action antioxydante du vin pourrait agir en prévention dans la maladie de l'Alzheimer. Le vin augmenterait le taux du bon cholestérol, le HDL, et préviendrait l'agrégation plaquettaire et ainsi favoriserait une prévention de l'obstruction des vaisseaux tout en favorisant la fibrinolyse (par la désintégration des caillots).

L'effet de l'alcool sur cette agrégation des plaquettes, selon le professeur Renaud, dépendrait aussi de la consommation, c'est-à-dire que pour un demi-verre par jour, le taux d'agrégation des plaquettes serait de 0,74 %, pour un demi-verre à trois verres, il serait à 0,56 et pour plus de trois verres, il passerait à 0,35. Cependant, vous comprendrez rapidement que dès que l'on augmente la quantité de vin, les risques augmentent pour la santé, comme la cirrhose du foie. On parle de courbe en U. Le maximum en prévention serait de deux à trois verres par jour chez la femme et de trois à quatre verres chez l'homme, selon la publication de Christ and Coll (Lancet 1998). Les composés phénoliques du vin se retrouvent en concentration dans la pelure du raisin et beaucoup plus dans le vin rouge que dans le vin blanc. De 2 000 à 4 000 milligrammes par litre dans le vin rouge et de 100 à 500 milligrammes par litre dans le blanc.

La quantité de resvératrol dans le vin rouge serait plus importante dans les bourgognes, ensuite dans les beaujolais, les bordeaux, les vins australiens, les vins d'afrique du Sud, d'Italie, d'Amérique du Sud. Le jus de raisin ne contiendrait que la moitié des polyphénols contenus dans le vin rouge. Le vin blanc contiendrait aussi une substance apparentée à l'aspirine, environ 30 milligrammes par litre, ce qui expliquerait aussi un effet intéressant sur la viscosité du sang. Boire du vin en prenant un repas riche en gras saturé devient presque une obligation.

Anderson, dans le *Medical Post* de novembre 2000, rapporte une diminution possible des polypes et du cancer colorectal. Pillot, dans les *Cahiers du vin de 1998*, relate une augmentation de la masse osseuse chez la femme par stimulation œstrogénique. Le vin entrainerait moins de cirrhose que l'alcool. Son action anticancéreuse aurait été documentée par le professeur Jacques Pillot de l'Institut Pasteur en 1998. Il estime que l'action du vin bloquerait une enzyme qui intervient dans la synthèse de l'ADN de certaines cellules cancéreuses.

Il faut se rappeler les risques sur la santé d'une surconsommation de vin : diabète, hypertension artérielle, augmentation des triglycérides, alcoolisme, cancers digestifs. Les experts sont partagés entre 11,5 consommations par semaine, suivant les recommandations de l'Institut nationale de santé publique du Québec, et 21, comme le suggère *l'American Heart Association*. On peut constater que la littérature n'a pas encore fait de consensus sur le sujet.

La médecine par le vin

Il est suggéré, si vous vous intéressez au vin, de consulter le livre *La médecine par le vin* du Dr E. Maury dans lequel il nous dévoile les secrets de sa pratique médicale par le vin. Par exemple, pour la paresse de l'estomac, il suggère un médoc ou un monbazillac; pour la constipation, il suggère un bergerac ou un bandol; pour les douleurs gastriques ou pour un ulcère, il recommande un sauternes. Il documente aussi l'utilisation du vin en relation avec les oligo-éléments du terroir. Par exemple, dans les cas d'arthrose, des vins qui contiennent du manganèse et du magnésium seraient intéressants, comme les ventoux, minervois, corbières. Il parle même d'un « petit rhumatisant » qui pourrait être un Blanc de Blancs, un crepy ou sylvaner.

Pascal, ce grand écrivain, nous enseigne que le vin est la seule chose qui nous console de nos misères et qui nous permet un certain divertissement et pourrait aider à prévenir certaines baisses de l'humeur.

Le Dr Maury, pour la prévention des grippes, suggère des Premières Côtes de Bordeaux ou encore un verre de Côte de Nuits. Ses anecdotes nous viennent d'un médecin qui, comme Hypocrate, suggère le vin comme aide au retour à la santé ainsi que pour la convalescence, un petit verre de champagne brut tous les matins peut être fort intéressant. Pour la prévention de l'artériosclérose, un saint-émilion, un médoc serait intéressant.

Les recommandations du Dr Maury sont basées sur l'expérience et non sur les études cliniques rigoureuses.

Les vins biologiques

Le vin contient des sulfites. Tous les vins en contiennent, sauf les vins biologiques. Ces sulfites peuvent être la cause d'intolérance et ils peuvent entrainer des maux de tête. Boire un vin biologique pourrait régler la question. Les vins biologiques prennent de plus en plus de place, surtout en France où l'on retrouve de grands crus biologiques. Je rappelle une fois de plus les dangers liés à la consommation excessive du vin : diabète, reflux, cirrhose, carence en vitamine B1, goutte, troubles de vigilance lors de la conduite automobile, troubles psychiques.

Pour ceux et celles qui désirent s'initier au vin, je vous suggère d'essayer plusieurs cépages et de trouver le vôtre. À cet égard, les vins du Nouveau Monde sont plus intéressants pour cette recherche de cépage que les vins français parce qu'il faut connaître les cépages. Par exemple, si vous prenez un beaujolais, vous devez savoir que le cépage principal est le Gamay. Cependant, avec un bon dictionnaire ou plusieurs bons volumes, vous aurez le nécessaire pour vous y retrouver facilement.

> *« En attendant, ma belle, notre charmante hôtesse, si nous disions un mot à la bouteille » (Diderot).*

Quand on décide de déguster un bon vin, il y a donc aussi l'aspect du plaisir qui fait partie de la stratégie d'antivieillissement : les yeux, le nez. Et vous voyez apparaître encore certaines bonnes façons d'exercer nos sens.

L'arôme des vins rouges peut être celui des petits fruits des champs, des fruits confits, des épices, de la réglisse, des fleurs, etc. Le nez donne des indices pour trouver le cépage. Les arômes d'un vin blanc sont les fruits frais, les noix, les épices, la pierre à fusil, le miel, le tabac, l'humus. Et nous arrivons au goût.

Le goût

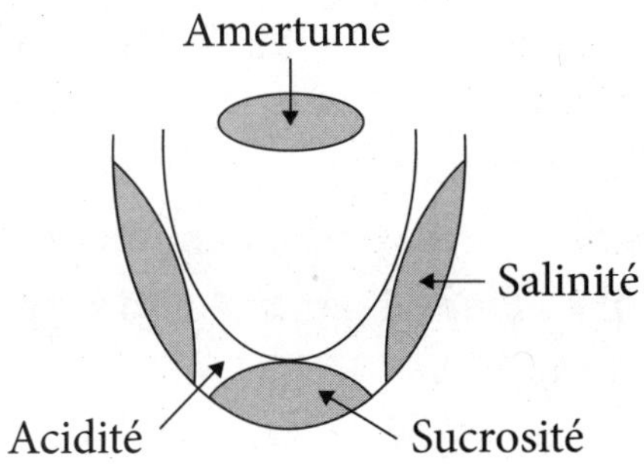

Par exemple, l'amertume d'un vin va se ressentir beaucoup plus dans la face postérieure de la langue, alors que l'acidité est beaucoup plus en latérale. La salinité est dans le milieu et la sucrosité est au bout de la langue. Donc, un vin très sucré vous donnera une sensation de présence, voire parfois de picotement au bout de la langue. Pour goûter un vin, il faut quand même l'aspirer et laisser entrer un peu d'air pour vraiment lui permettre de se révéler.

Pour les gens qui n'aiment pas le vin, évidemment, on peut toujours retrouver les bienfaits de la bière. On dit qu'elle contient de la vitamine B6. Certaines études louangent le champagne pour son effet thérapeutique. Et les Japonais ont réglé le problème pour ceux qui n'aiment pas le vin en faisant des bonbons et crèmes glacées aux polyphénols, parce qu'il faut se rappeler que ce que l'on cherche dans le vin, en dehors du plaisir, ce sont les polyphénols. Certains yogourts ont aussi inclus certains polyphénols. La recommandation que l'on retrouve souvent est dans la maxime :

> « Bois du bon vin, car tu te retrouveras longtemps sur la terre! »

On revient encore au moment présent. Le futur du vin est tout à fait passionnant : la résonance magnétique pour détecter et évaluer les bons vins, les champs magnétiques pour obtenir plus rapidement un vin vieilli, etc. Les caves à vin pourraient-elles même disparaître un jour? Les vins sont de plus en plus assemblés par cépage de façon numérique. Le vin a un côté poétique qu'il ne faudrait jamais perdre, mais le vin n'échappe pas non plus à notre modernité.

La médecine par le vin, c'est prendre un verre et se sentir en contact avec le moment présent. Elle permet d'agir agréablement sur les antioxydants et, en plus, elle nous permet de redécouvrir nos sens. Dans la médecine antiâge, la médecine du vieillissement, il n'y a pas de recette. L'important, c'est de trouver une passion : le vin, la musique, l'exercice, la lecture, etc. Le menu est abondant et il faut poursuivre sa quête.

Deuxième clé : le mouvement

Pour bien comprendre l'esprit de cette seconde facette de l'équilibre antiâge, il faut se référer au spécialiste de l'obésité, le Dr Jean-Pierre Després, qui déclarait récemment : « Il faut bannir le mot *régime* et se baser sur une bonne forme physique. »

Selon une publication récente de *Science & Vie* (décembre 2007, p. 70-71) : « Sans exercice physique, nos cellules musculaires se dégradent dès l'âge de quarante ans, et en pratiquant une activité physique, le phénomène est réversible. »

Un exercice d'endurance deux à trois fois par semaine donne des fruits au bout de trois à quatre mois. Ce n'est pas au bout d'une semaine que l'on peut dire : « J'ai retrouvé ma forme ». C'est ainsi qu'un sexagénaire actif pourrait acquérir la même condition physique qu'un quinquagénaire qui ne fait aucun exercice.

De plus, l'endurance est une faculté que l'on peut améliorer constamment. Mon souhait ultime est que l'on devienne dépendant de l'exercice. Car en faisant un exercice régulièrement, le corps demande de continuer, sauf si la personne a été sédentaire pendant une bonne période. Les premières semaines seront alors difficiles. Combien de fois je rencontre en consultation des clients qui ne font aucun exercice et qui décident de faire 10 000 pas, trois fois par semaine, comme le recommandent les spécialistes cardiovasculaires. Le lendemain, ils me demandent une prescription d'anti-inflammatoires!

On doit faire de l'exercice de façon régulière, durant toute la vie, sans oublier de faire une évaluation médicale avant de commencer un programme intense. Si vous avez cinquante ans et plus, et surtout, si vous avez été sédentaire une bonne partie de votre vie, il n'est pas nécessaire de faire un programme intense. C'est la régularité qui est importante.

Pour bien comprendre les principes de l'exercice, il faut être capable de travailler avec sa fréquence cardiaque au repos. C'est la mesure exacte de votre circulation, de votre pouls. Le pouls normal se situe entre soixante et quatre-vingt pulsations par minute le matin, au réveil. Plus la condition physique est bonne, plus la pulsation diminue. La fréquence cardiaque à l'effort se situe idéalement entre cent vingt et cent quarante. La limite maximale étant de cent soixante. Si vous dépassez cette valeur, diminuez l'effort jusqu'à ce que votre pouls se retrouve dans l'échelle normale. Plus le cœur retrouve rapidement sa fréquence au repos (phase de récupération), meilleure est sa condition. Après trois ou quatre semaines d'entrainement, le pouls doit retrouver une valeur initiale au bout de trois minutes de récupération. Il est toujours important avec le vieillissement de bien évaluer sa tension artérielle à l'effort, et elle se modifie évidemment pendant l'effort.

Un point important à considérer : si votre objectif est de perdre du poids, vos séances d'entrainement doivent durer au moins trente minutes. En effet, il faut vingt minutes d'exercice pour que le corps commence à métaboliser les sucres et les graisses et que les tissus adipeux se mettent à fondre. L'important est de bien évaluer son poids de façon régulière. La mesure du poids se prend de deux façons, c'est-à-dire grâce à l'indice de masse corporelle que l'on appelle IMC (poids en kilogrammes sur la taille en centimètres). Voici les valeurs IMC normales : chez un homme, un poids inférieur à la normale nous donne en bas de 20 et chez la femme, en bas de 19. Le poids normal chez l'homme est entre 20 et 25, et entre 19 et 24 chez la femme. Une surcharge pondérale donne entre 25 et 30 chez l'homme, et entre 24 et 30 chez la femme. L'obésité est de 30 et plus pour les 2 sexes.

Le nomogramme de l'indice de masse corporelle (IMC)

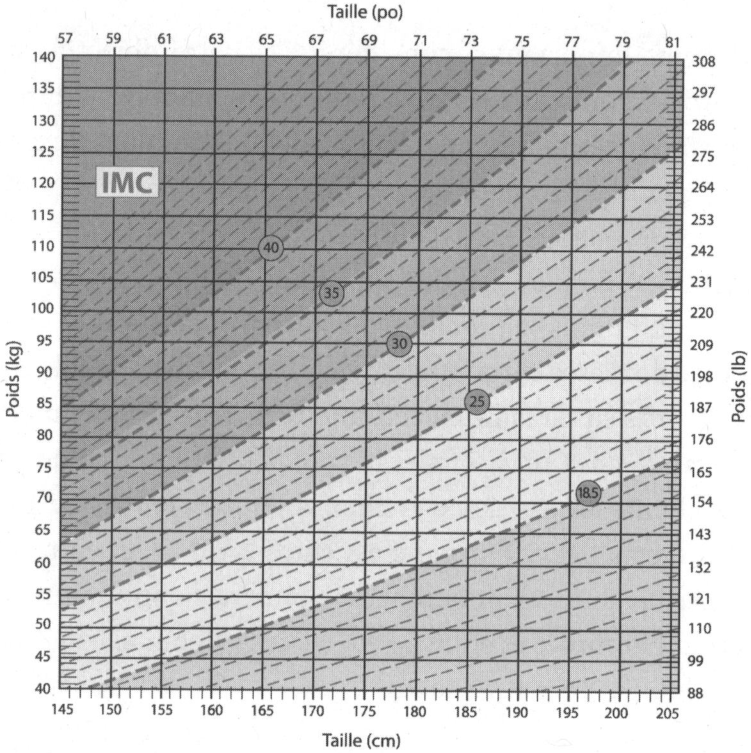

	Chez l'homme	Chez la femme
Inférieur à la normale	- 20	- 19
Normal	20 - 25	19 - 25
Surcharge pondérale	25 - 30	24 - 30
Obésité	+ 30	+ 30

La deuxième méthode est la mesure du tour de taille. Il est plus facile de surveiller son tour de taille, surtout qu'il est associé à l'indice de maladies cardiovasculaires. Un tour de taille supérieur à 100 cm chez l'homme pourrait sonner une alarme, surtout si notre homme a en plus un problème de glycémie élevée et d'hypertension artérielle. On peut voir tranquillement apparaître ce syndrome « cardiométabolique » avec cette inflammation des artères causée par les adipocytes (cellules graisseuses). Les cellules graisseuses (adipocytes) sont alors malades et produisent cette inflammation. Chez la femme, la limite du tour de taille est fixée en bas de 94 cm. Et les mêmes constatations sur le syndrome « cardiométabolique » sont aussi valables chez la femme.

Pour parvenir et traiter cette condition, les experts suggèrent la marche environ une heure trois fois par semaine ou une activité plus intense selon les saisons, comme le ski de fond, le cyclisme. Bien sûr, un compte-pas peut être utile (10 000 pas 3 fois par semaine), en plus des bons vieux trucs tels que stationner sa voiture le plus loin possible de l'entrée, tant au travail qu'à l'épicerie. La marche en nature est aussi une prescription fréquente de ma part (profiter de la nature, marcher avec dynamisme, marcher calmement, faire le vide, profiter de cette période pour faire un bilan de santé, réfléchir sur sa vie).

Lorsque l'on parle d'exercice, il faut aussi parler de respiration et d'oxygénation. Les techniques de respiration sont à considérer, notamment celle de la respiration abdominale profonde avec grande expiration (car l'expiration diminue avec l'âge).

Avant tout exercice, il est important de bien penser au réchauffement, surtout après soixante ans. Un programme peut être créé pour chaque saison, toujours dans un cadre de plaisir et de contact avec le moment présent. Le programme d'exercice pour la personne vieillissante doit tenir compte de la prévention des maux de dos. Si un mal de dos survient après un début de programme d'exercice de marche, une évaluation des pieds s'impose (podoscopie). Le problème peut provenir du contact des pieds avec le sol. Si nous consultons les statistiques dans les cliniques médicales, le mal de dos de la personne de quarante à soixante-dix ans est souvent une des premières causes de consultation : cause ligamentaire, musculaire, obésité abdominale, hernie discale et psychologique. On doit prendre conscience du message du corps, des tensions physiques et psychologiques, surtout quand on en a plein le dos d'une situation.

Pour prévenir et soigner le mal de dos, la natation (3 fois par semaine) est souvent la clé. Nous retrouvons aussi tous les programmes proposés en éducation physique, en orthothérapie, en physiothérapie ou en chiropraxie. Le baladi (danse orientale) est aussi un excellent moyen de prévenir le mal de dos. Certains hommes pourraient être surpris de son effet (oui, les hommes peuvent faire du baladi). Cette danse permet de garder le bassin en mouvement. Nous sommes dans une société où le bassin est en ralentissement, en « pause », à cause de la position assise, au travail, devant des ordinateurs ou la télévision. On note une certaine stagnation du bassin et les exercices pour le mouvement du bassin viennent pallier ce manque. Ces exercices pour le bassin peuvent être très utiles pour améliorer la circulation de la prostate qui reçoit, elle aussi, son lot de toxines. Il est conseillé de prendre conscience de sa posture en tout temps et de rectifier en respirant et contractant le plus souvent possible les muscles du ventre (abdominaux). Cela contribuera à garder une bonne fermeté des muscles du dos, en équilibre avec la forte présence des muscles abdominaux et dorsaux. Ce genre d'exercices peut être fait au travail, une à deux fois par jour et ainsi devenir un fort bon exercice de prévention.

Les os et le vieillissement

C'est aussi une époque où il faut prendre soin de ses os. Je me permets de vous rappeler qu'il existe quatre sortes de minéraux qui viennent au secours des os.

1. Le calcium : il est directement sur l'os. Un apport insuffisant peut entrainer la fragilisation de l'os menant ainsi à l'ostéoporose. Le calcium est surtout fourni par les produits laitiers, les agrumes, les choux, les noix.

2. Le phosphore : Cette substance minérale importante aide aussi à la formation de l'os. Le phosphore peut se retrouver dans une alimentation équilibrée.

3. Le magnésium : il est aussi essentiel dans la régénérescence osseuse. On le retrouve dans les céréales, le pain complet, les légumes verts, les noix, les légumes secs ainsi que les germes de blé et de soya.

4. Le bore : cet oligo-élément est mal connu, mais il est pourtant indispensable à la bonne utilisation du calcium de l'alimentation et à la prévention de problèmes de la substance osseuse. Une carence en bore peut empêcher la fixation du calcium, du phosphore et du magnésium. On retrouve le bore dans les fruits, les légumes, les salades vertes, les noix. La consommation régulière de noix favorise donc une bonne santé osseuse. Les experts en nutrition recommandent de consommer trois noix par jour à partir de l'âge de quarante ans.

À ce stade, il faut bien comprendre comment fonctionne un os. L'os est fait de fibres de collagène contenant le calcium, le phosphore, le magnésium et le bore, comme nous l'avons déjà dit. L'os est aussi composé des cellules, que l'on appelle les ostéoblastes et les ostéoclastes, qui vont en assurer sa qualité. Donc l'os est vraiment une substance active. Et pour que tout fonctionne bien, l'os a besoin d'hormones (l'estrogène chez la femme et la testostérone chez l'homme) et c'est la raison pour laquelle la fragilité de l'os devient plus importante avec l'âge, car il y a alors une diminution de sécrétion de ces hormones. Voyez le chapitre sur les hormones.

Le cerveau et le vieillissement

L'exercice améliore la mémoire des ainés. Selon une étude parue dans le *Journal of the American Medical Association (JAMA)* du 3 septembre 2008, 138 adultes de 50 ans et plus qui présentaient un risque accru de démence ont été soumis à un programme d'exercice pendant 24 semaines. L'objectif était de les encourager à effectuer 150 minutes d'activité physique d'intensité moyenne par semaine en 3 séances de 50 minutes chacune. L'étude a montré que les bienfaits de l'exercice sur la mémoire ont persisté pendant 12 mois. Ces mesures ont été faites selon l'ADAS (*Alzheimer's Disease Assessement Scale*). La population mondiale vieillit et le nombre de personnes souffrant de la maladie d'Alzheimer passera de 26,6 millions en 2008 à 106,2 millions en 2050. Ce programme pourrait aider à réduire ce triste bilan.

Le cerveau vieillit, surtout si on ne s'en sert pas! Il doit être gardé actif. Il faut donc lire, bricoler, échanger des idées, avoir des passions…

Jean-François Dartigues, coordonnateur de l'étude PAQUID, a suivi pendant plusieurs années une vaste population de personnes âgées : « Les personnes qui se confrontent régulièrement à des situations intellectuellement stimulantes ou inédites sont celles qui sont les mieux protégées contre ce déclin cognitif, mais aussi contre les maladies neurodégénératives comme l'Alzheimer. Un environnement stimulant pourrait être capable d'enclencher le remodelage des connexions neurales. »

Conseils :

1. **Fuir la routine**
2. **Innover (bricoler, lire, écrire)**
3. **Jouer à l'ordinateur**

4. **Lire les journaux scientifiques**
5. **Devenir artiste**
6. **Jouer au bridge**
7. **Faire des mots croisés, des sudokus, etc.**
8. **Faire de l'humour**

En résumé, bouger freine le vieillissement musculaire

L'exercice deviendrait protecteur pour :

1. Les risques de cancer du cerveau ou de cancer du colon
2. La densité osseuse
3. La qualité du sommeil
4. Les maladies cardiovasculaires

À partir de 40 ans, nous perdons 10 % de masse musculaire chaque décennie. Sans exercice, nos mitochondries se gorgent de déchets et des radicaux libres sont produits en grand nombre.

Conseils :

1. **marcher 5 fois par semaine pendant 30 minutes**
2. **faire une activité intense 3 fois par semaine pendant 20 minutes**

Il est intéressant de constater qu'une zone du cerveau nommée l'hippocampe est stimulée durant l'activité. Il est généralement bien accepté que la marche rapide soit la meilleure prévention contre la dépression.

Nourrir son cerveau

Dans sa publication de janvier 2009, la revue *Doctor's Review* cite une étude au Rush Institute For Healthy Aging de Chicago qui rapporte le suivi d'un groupe d'ainés qui a consommé de la Niacin pendant six ans. Ce groupe présente moins d'affinité pour le développement de la maladie d'Alzheimer.

D'autres études ont démontré que la consommation régulière de noix peut inverser le processus de vieillissement du cerveau. De plus, le rat de laboratoire qui mange des bleuets aurait moins d'inflammation au cerveau. Les gens qui consommeraient une diète riche en fruits et légumes présenteraient moins de troubles cognitifs.

Il faut tenir compte que le cerveau peut produire jusqu'à 20 % des radicaux libres engendrés par tout l'organisme.

Troisième clé : le stress

Le stress fait vieillir prématurément, dit-on. Nous sommes quotidiennement confrontés à des stress, de plus ou moins forte intensité, pouvant même parfois passer inaperçus, mais qui pourtant suscitent des réactions de défense de nos glandes. Ces stress ne nous mettent pas nécessairement en état de survie comme lors d'un danger, mais ils nous plongent tout de même en état d'alerte, d'urgence, et d'une certaine façon, en mode de défense. Le problème se situe sur le plan de la répétition quotidienne de ces stress, même s'ils sont anodins ou légers. Cette répétition finit par créer une surcharge pour le corps et l'esprit. Les hormones « chauffent », l'esprit s'excite et s'épuise. Et si nous additionnons tous ces petits stress, il peut en résulter la même intensité de réaction que celle provoquée par un grand danger par exemple.

Notre rythme de vie est ahurissant. Nous vivons dans une inconscience relative quant à la façon dont nous menons nos activités, que ce soit sur le plan professionnel ou personnel. Qui parmi nous est conscient des surdoses d'informations dont il est victime? Pourtant, une surdose d'informations entraine des symptômes qui se reconnaissent facilement : problèmes de concentration, tendance à se perdre dans les détails, troubles du sommeil, réveils fréquents durant la nuit, diminution de la libido, etc. La surcharge d'informations crée chez l'humain un triste paradoxe : le cerveau étant engourdi, cela nuit à la gestion des choses essentielles; alors le corps manque de repos et devient excité. C'est ce qu'on peut appeler une léthargie agitée ou encore la surchauffe des cerveaux. Et tout cela épuise le système en général et peut contribuer à accélérer le vieillissement. Qui n'a pas connu une personne dont les cheveux ont blanchi en peu de temps à la suite d'un grand stress ou d'une période particulièrement stressante?

Lorsqu'on ressent un tel état, lorsque la surdose d'informations dépasse la limite de ce que l'on peut gérer, il n'y a pas mille solutions : il faut agir! Je propose alors de travailler à l'amélioration de la qualité du sommeil, de prendre une semaine de vacances à la campagne ou du moins en un lieu calme où vous serez certain de ne pas être envahi par les informations de toutes sortes, de consacrer du temps à des loisirs simples, à des activités que vous aimez et à des êtres que vous chérissez. Je suggère aussi de faire le bilan de vos habitudes de vie et d'amorcer les changements qui s'imposent. Par exemple, chacun peut se discipliner à fermer le téléviseur, le téléphone cellulaire ou même la radio au moins deux heures chaque jour et ainsi apprivoiser le silence. Nous pouvons aussi apprendre à nous ménager des plages horaires hebdomadaires pendant lesquelles personne ne peut nous joindre. On peut également modifier ses méthodes de travail afin de mieux gérer les informations reçues. Par exemple, le simple fait de trier les informations en trois volets (urgent, moyennement urgent et pas urgent du tout) peut nous permettre de gérer efficacement notre stress au travail. Il devient ensuite plus facile de distinguer les choses essentielles de celles qui peuvent attendre.

Je vous suggère de répondre deux fois par an aux trois questionnaires d'évaluation du stress déjà décrits dans mon livre *Guérir sa vie*. Suivant les résultats, des décisions s'imposent : consulter un psychologue ou simplement développer un programme de relaxation comme *le training* autogène. En gestion du stress, le menu est imposant : relaxation, yoga, taï chi, Qi Gong, musique, peinture, etc. Vous n'avez que l'embarras du choix. Encore une fois, l'important est de trouver son rythme et son style et non de relaxer pour faire plaisir aux autres.

Quant au sommeil, voici quelques conseils pouvant favoriser un sommeil réparateur.

Les solutions naturelles aux troubles de sommeil léger

Hygiène du sommeil en dix règles

1. Éviter les activités stimulantes avant de se coucher.
2. Ne pas se coucher avant d'être somnolent.
3. Se lever à la même heure tous les matins, y compris les fins de semaine.
4. Faire une sieste seulement si elle ne nuit pas au sommeil régulier.
5. Ne pas consommer d'alcool deux heures avant de se coucher.
6. Ne pas prendre de caféine après seize heures.
7. Éliminer la nicotine en soirée.
8. Faire de l'exercice avant dix-huit heures.
9. Une collation légère (lait ou biscuit) pourrait favoriser le sommeil.
10. Créer un environnement confortable.

Les produits naturels à prendre au coucher

- Lait chaud (eh! oui, encore le tryptophane).
- Tisanes relaxantes : camomille, tilleul, passiflore, valériane.

- Comprimés de plantes relaxantes : tilleul, houblon, escholzia, valériane, marjolaine et millepertuis (attention aux interactions médicamenteuses avec le millepertuis surtout lors de prise de contraceptifs oraux et d'antidépresseurs).
- Complexes homéopathiques : homéogène 46, sédatil, passiflore GH, sédilor.
- Huiles essentielles :
    - Huile de mélisse : trois gouttes dans le bain
    - Huile d'orange : trois gouttes par la bouche dans une cuillérée à table d'huile d'olive au coucher. ATTENTION! Il ne faut jamais dépasser la dose et il faut respecter le mode de prise.
    - Respirer de l'huile essentielle de lavande durant 3 minutes aura pour effet de ralentir la fréquence des ondes cérébrales et de favoriser le repos.
- Mélatonine : 1 mg au coucher aide à harmoniser l'horloge biologique.

Dans le domaine de la gestion du stress, l'humour fréquent est une garantie de vie. Il rejoint la pratique du lâcher-prise. Il faut nous rappeler que l'humour nous permet de toucher le MOMENT PRÉSENT. L'humour au quotidien est un antidote au stress et un moyen de préserver votre santé contre la folie du monde moderne. Saviez-vous qu'au début du siècle les gens riaient en moyenne douze minutes par jour et qu'actuellement la moyenne se situe autour de quatre minutes? On rit de moins en moins. Le sérieux et la « sinistrose » gagnent du terrain chaque jour. Nous devons réapprendre à introduire l'humour dans notre quotidien en choisissant consciemment de faire des gestes drôles ou de faire des activités amusantes sans toutefois entacher notre crédibilité.

« J'ai ri, me voilà désarmé! », disait le célèbre humoriste Raymond Devos.

Quatrième clé : la génétique

Vieillir, c'est prendre conscience de son capital génétique. Je me permets de vous citer une étude présentée lors d'un congrès sur la santé cardiovasculaire, à Québec, en novembre 2007, où le Dr Pavel Hamet a présenté les résultats de ses plus récentes recherches sur le stress, l'hypertension artérielle, l'alcoolisme et la dépendance au tabac qui seraient reliés par une séquence de gènes. Cette séquence de gènes a été découverte par une équipe du Centre hospitalier Universitaire de Montréal (CHUM). Les chercheurs québécois ont réalisé que certains individus étaient portés à consommer de l'alcool ou du tabac lorsqu'ils se sentaient stressés, et ces facteurs contribuent à accélérer le processus de vieillissement par augmentation des radicaux libres. Des déterminants génétiques les poussent à boire et à fumer pour les aider à gérer leur stress. Le mécanisme, affirme le réputé endocrinologue, serait le suivant : lors de situations angoissantes, les neurotransmetteurs envoient un signal vers les zones de leur carte génétique responsable de la consommation d'alcool et de tabac. Lorsqu'ils ont consommé, ils deviennent alors moins stressés, donc il y a une rétroaction comme on en connait dans plusieurs mécanismes glandulaires. Cependant, est-ce que certaines personnes sont condamnées par leur bagage génétique à souffrir de stress et en corollaire à être portées sur l'alcool et le tabac? Heureusement non, dit le Dr Hamet. Les conséquences de l'héritage génétique peuvent être modifiées dans une mesure importante par l'adoption d'un mode de vie sain. D'où l'intérêt de bien connaitre sa génétique. Le médecin rappelle que ces penchants sont modifiables et qu'il est possible d'aller contre la génétique en recourant, par exemple, à une thérapie comportementale, en prenant conscience de l'état de sa génétique. J'incite mes clients à faire leur bilan génétique, comme nous l'avons expliqué dans *Guérir sa vie* : revoir les trois ou quatre générations qui précèdent, les émotions qui sont véhiculées dans sa famille, les pathologies, par exemple le stress, l'alcoolisme, le diabète, l'hypertension artérielle, et à méditer quelques instants sur ses ancêtres. Si vous pouvez vous le permettre, établissez votre arbre généalogique. Certains chercheurs croient que la génétique joue pour 30 % dans tout le processus de santé et de vie et aussi de vieillissement de l'individu. En lisant ces lignes, si vous prenez conscience d'une génétique fragile, alors les autres clés de l'équilibre pourraient venir au secours de cette fragilité pour parfaire la voie d'un vieillissement harmonieux. Et comme nous l'avons rappelé tout au long de ce livre, le vieillissement commence dès la naissance. Ce n'est pas seulement à cinquante ans que nous commençons à appliquer des mesures de prévention. Évidemment, mieux vaut tard que jamais…

Cinquième clé : l'environnement

Il est indéniable que l'environnement joue un rôle essentiel dans le vieillissement de l'individu. Il est important, dans un cadre de conscience du vieillissement, de faire le bilan de son environnement. Si un tel bilan est difficile à réaliser par vous-même, des groupes peuvent le faire chez vous : évaluation de la qualité de l'air, champs électromagnétiques nocifs, effet des nouveaux systèmes sans fil comme les systèmes Wi-Fi et cinéma maison. Les effets de l'environnement sur notre santé deviennent de plus en plus probables.

L'air

Il est reconnu que la mauvaise qualité de l'air que nous respirons, comme la pollution des villes et le smog, donne naissance à des troubles respiratoires : l'asthme qui peut évoluer vers la maladie pulmonaire obstructive chronique. La qualité de l'air de nos maisons doit être évaluée, car trop souvent des moisissures y sont présentes, entrainant des allergies de toutes sortes. Avec l'air apparait aussi tout le cortège des produits chimiques que nous respirons, comme les herbicides. Ces composantes amènent en consultation des gens qui souffrent de maladies étranges que l'on nomme le syndrome d'hypersensibilité à l'environnement :

- Toux
- Fatigue
- Vertiges
- Troubles digestifs vagues
- Troubles du sommeil

Et ce syndrome se juxtapose fréquemment à celui de sensibilité aux hyperfréquences. Il est important de réfléchir sur l'effet des ondes électromagnétiques sur la santé. Les ondes électromagnétiques sont de plus en plus présentes. Elles sont partout : ordinateur, micro-ondes, téléphone sans fil, cinéma maison... Plusieurs études récentes, surtout européennes, font état de certains problèmes de santé et d'effets sur le vieillissement qu'auraient ces ondes électromagnétiques. Le *BioInitiative Working Group*, un groupe scientifique international, a établi un lien possible entre l'utilisation du téléphone portable pendant dix ans et les tumeurs malignes au cerveau, la leucémie et même la maladie d'Alzheimer. En février 2006, l'*International Commission for Electromagnetic Safety* (ICEMS) a effectué une recherche indépendante. Lors d'un congrès à Benevento, en Italie, les résultats de sa recherche sur les ondes à très basse fréquence – *extreme low frequency* (ELF) – furent exposés. L'ICEMS avait trouvé que ces ondes causeraient les mêmes dommages sur la santé que ceux observés par le *BioInitiative Working Group*. En octobre 2007, le professeur Franz Aldkofer, directeur de la fondation Verum, a effectué des recherches sur les conséquences des rayonnements UMTS (communications mobiles et sans fil) et il a constaté un certain effet génotoxique. Cet effet possible sur les gènes joue-t-il un rôle sur la genèse des maladies ou sur le vieillissement? En réponse à ces agressions, une planification de l'environnement du type feng shui pourrait devenir une solution intéressante pour entrainer le calme et la sérénité.

À tout le moins, il est important d'être éveillé par rapport aux dangers potentiels des ondes électromagnétiques, de la mauvaise qualité de l'air dans nos maisons et des produits chimiques qui nous entourent. On peut alors penser à réduire l'utilisation des portables, téléphones cellulaires, ordinateurs et autres appareils produisant des ondes électromagnétiques et ne pas en garder près de soi lors du sommeil ou à des endroits où nous sommes fréquemment assis ou au repos. De plus, il faut surveiller la qualité de l'air de nos maisons et penser à nettoyer fréquemment les conduits d'aération. Quant aux produits chimiques, tels les herbicides, il faut se renseigner sur les produits biologiques-substituts et changer nos habitudes.

Sixième clé : la spiritualité

Dans les traditions anciennes d'inspiration amérindienne, chinoise et ayurvédique, nous remarquons que les gens qui vieillissent bien ont toujours eu une spiritualité importante qui compensent les signes du vieillissement : les pertes de mobilité et les douleurs associées à l'inflammation, l'arthrose et les maladies dégénératives. Il est donc important à toute époque de la vie de développer des activités spirituelles : méditation, taï chi, Qi Gong, etc. Le défi ultime de cette quête de sens est la mort. Pour bien vieillir, le sens de la mort doit être intégré au jour le jour. Quand le vieillissement s'installe de façon plus musclée, il est important d'établir et de pratiquer certains rituels qui nous amènent à prendre contact avec l'innommable. Plus la personne vieillit, plus elle doit apprendre à se détacher de la matière. Quel est le sens d'amasser constamment de la matière et d'avoir tout ce que la société nous propose? Attention aux ivresses et aux dépendances. Le sens de la communauté doit s'installer. On doit passer plus de temps avec les gens que l'on aime et se reposer. On dit souvent que lorsque l'on est en ménopause ou en andropause, on se repose. Écouter, développer cette sagesse intérieure nous amène à avoir plus d'instants de solitude et de silence. À cet égard, le dalaï-lama a écrit plusieurs textes sur l'importance de la solitude régénératrice au quotidien qui évite les abus de pensée et la dispersion. Pratiquer régulièrement des activités spirituelles a un effet physiologique mesurable par les chercheurs.

La quête de sens

Mais comment développer cette quête du sacré au fil des jours?

Le premier pas est de partir à la découverte des sens, que nous avons souvent plus appris à connaitre qu'à vivre : la vue, l'ouïe, l'odorat, le toucher et l'audition. Ces cinq sens nous habitent depuis notre naissance.

La vue

Il devient important d'apprécier les beautés de la vie, de revenir au moment présent, par un beau matin d'été, de se laisser imprégner d'un soleil levant ou de la beauté visuelle du cardinal perché sur un arbre au tournant du chemin, de s'entourer de couleurs à la maison. Plusieurs thérapies, comme la chromothérapie, pourraient venir soutenir cette recherche.

L'ouïe

La première utilisation de l'oreille, c'est de savoir écouter le silence. Il faut comprendre et essayer de compatir avec les gens qui souffrent d'acouphènes et qui entendent des sons et des tintements continuellement, ce qui leur rend la vie infernale et souvent entraine des idées suicidaires. L'ouïe commence par le silence pour ensuite donner l'accès aux sons purs de la nature, de belles musiques et de chants inspirants.

L'odorat

Que dire de l'odorat? Dans les années 2000, l'odorat est souvent le mal-aimé. On ne prend plus le temps de sentir. Ce sens est à développer à cette période de vie.

Le parfum des fleurs, le « senti » de l'environnement, des individus... Les odeurs auraient peut-être un certain lien avec ce que l'on appelle les phénormones à l'origine de plusieurs relations amoureuses. « Je l'aime, mais je ne sais pas pourquoi! Je l'ai dans la peau. »

Le goût :

Il faut apprécier la saveur d'une pomme en réfléchissant aux goûts simples de la nature et aussi aux goûts que l'on préfère. La pratique de l'utilisation des sens sur une période quotidienne nous ouvre la porte de l'âme : le moment présent.

Le toucher

Le dernier sens, le toucher, est aussi malmené dans ce siècle d'aseptisation. Apprendre à sentir son corps au toucher, apprendre à pratiquer un toucher : le toucher habité, voilà un défi de taille qui ne se réalise pas sans abandon. On comprend ici toute l'imprégnation et la vibration de certaines musiques qui nous touchent. Notre Jacques du début du livre se lève en panique et va écouter « j'ai oublié de vivre ». Cette musique l'a touché à un moment de sa jeunesse et revient soudainement avec ce stress de la soixantaine et la peur de mourir. Un regard de compassion vient nous toucher l'âme et nous place dans l'espace de guérison. Rappelez-vous la main réconfortante du vieux médecin de famille des années 50, ou le toucher réconfortant de la mère qui console son enfant.

Pour vieillir de façon plus consciente, la pratique quotidienne des sens permet d'apprécier le moment présent. Pour compléter cette spiritualité, il est important en vieillissant d'avoir une passion (qu'est-ce que j'aime?), surtout en période de retraite qui nous fera surfer sur la vieillesse. On peut en avoir plus d'une, mais il faut éviter les encombrements, car certains individus ont des passions dans toutes les directions, ce qui les éloigne dans leur quête de sens. Je dois me trouver un rêve, un projet qui me permet de prendre contact avec les autres, d'où l'importance de la communauté, cette vie communautaire, cette vie de quartier, cette vie de groupe, cette vie de famille de plus en plus importante dans notre société. Il faut penser à devenir un mentor pour les jeunes et aussi leur permettre de profiter de cette sagesse des anciens. Le chemin de la spiritualité s'ouvre sur l'amour : aimer et être aimé, de façon inconditionnelle. Il passe souvent par l'abandon conscient, ce fameux lâcher-prise qui nous permet de sentir cet instant magique et parfois même d'engendrer une guérison inespérée par la « toute petite porte ouverte ».

CHAPITRE IV

VIEILLIR SELON LES TRADITIONS

Après avoir étudié l'art de vieillir sous la loupe de la science et du sens pratique, je vous propose un voyage dans le temps pour comprendre comment les anciennes traditions pratiquaient le sens du sacré par rapport au vieillissement. Tout au long de la lecture, nous découvrirons que l'enseignement des médecines anciennes nous indique un chemin sacré dans l'art de composer avec certaines pertes physiques attribuables au vieillissement. Pour avoir accès à ce sentier, il est impératif d'aménager des espaces quotidiens de silence variant de trente à soixante minutes, et cela, en dehors du sommeil bien sûr.

La médecine amérindienne

Les enseignements de la médecine amérindienne, tout comme ceux de la médecine chinoise, sont globaux. Le pouvoir de guérison appartient à l'individu et exige la pratique de rituels, de chants. La symbolique du cercle est fort importante ainsi que la roue de médecine et le pouvoir des prophéties. Ils sont des indicateurs dans le courant de la vie quotidienne avec l'interprétation des messages, de la vie autant de jour que de nuit, comme l'analyse des rêves. Le chaman-guérisseur travaille avec les herbes, les cristaux, les végétaux et les minéraux dans un contexte global de spiritualité. Cette médecine amérindienne traditionnelle a aussi une vision de la vie et de la mort. Le chemin vers la sagesse nécessite d'intégrer le concept de mort à travers ses cellules dès le début du cheminement spirituel. Pour aider cette réflexion sur la mort, je vous suggère d'écouter l'œuvre de Strauss : « Mort et transfiguration ». Cette musique vous amène à parcourir et à sentir les différentes périodes de la vie.

En médecine amérindienne traditionnelle, la roue de médecine est le symbole de l'équilibre et de la santé. Cette roue de médecine implique deux vérités importantes : vivre dans la connaissance en cherchant à découvrir l'équilibre de ses forces et à ramener la santé lors des déséquilibres. Ces deux qualités importantes que l'on enseigne aux guérisseurs peuvent permettre à la personne de cheminer vers la guérison ultime. Chercher à connaitre, avoir la passion de quelque chose ou de quelqu'un, voilà la clé. L'homme-médecine est le gardien de cette sagesse acquise depuis des générations de guérisseurs et de sages. Rares sont les livres de recettes sur la médecine amérindienne, car la tradition orale est importante. Le vrai guérisseur transmet ce qu'il peut transmettre à la personne qui peut le recevoir au bon moment et au bon niveau de conscience. Cette médecine est liée à une cosmologie qui donne un sens non seulement aux maladies, mais aux techniques de guérison et surtout à la vie et au vieillissement. La conception de la vie est basée sur l'amour. L'amour inconditionnel et le respect des Amérindiens pour les enfants sont d'ailleurs légendaires. La notion de communauté s'installe ainsi et la personne vieillissante n'est plus seule. Nous retrouvons le courant du « transgénérationnel ». Dans ce contexte, l'humour est toujours en toile de fond. Si on veut bien vieillir, il faut aussi garder contact avec les enfants et surtout avec notre enfant intérieur. Dans notre société actuelle, on a souvent tendance à compartimenter, c'est-à-dire les vieillards dans les centres de soins prolongés, les enfants dans les garderies et l'adulte en action pour gagner sa croûte au péril de sa vie. Cette médecine amérindienne traditionnelle se pratique donc avec le cercle sacré qui enseigne une vision globale du monde physique et métaphysique. À l'intérieur du cercle, tout est relié à des symboles : les animaux, les arbres, les étoiles, les humains, les pierres et le vent. La pensée fondamentale de cette médecine est d'être dans le moment présent. Évidemment, il y a différents types de cercles : des saisons, des cérémonies, des communautés, des anciens, des générations et tout cela fait un tout indissociable. La médecine amérindienne parle d'énergie universelle qui imprègne la conscience qui doit s'exprimer dans l'action de tous les jours. Ce concept rejoint celui de la médecine chinoise traditionnelle par le CHI, l'énergie de vie. C'est dans l'action consciente que le vieillissement se vit. Les études déjà citées sur le cerveau le confirment. La personne qui vieillit doit se sentir utile. La nation Lakota, comme d'autres peuples, qualifie de « Wakan » toute cette énergie sacrée de l'esprit. Dans cet espace sacré, tout devient possible. Les Algonquins l'on baptisée d'un autre nom plus connu, le grand manitou. L'homme-médecine dans la tradition Lakota se considère comme un canal, un « petit os creux » par lequel le « Wakantanka », le grand mystère, est relié à la communauté. Cet homme-médecine doit avoir une vie centrée, une bonne vie, et ne pas rechercher le pouvoir. Il enseigne que « moins on cherche le pouvoir, plus il vous appartient ». À vouloir conquérir à tout prix, plusieurs y ont laissé leur peau en ajoutant des années à leurs artères. Centré, il peut alors enseigner la sagesse de vivre et l'art de vieillir en « métabolisant », en digérant ses émotions avec conscience. « Ne vous endormez jamais sur une colère », raconte-t-il. Le choix de cet homme-médecine lui est indiqué par un songe au moment opportun. Il est instruit par l'Esprit qui lui enseigne son feu sacré personnel et lui montre les objets des cérémonies à utiliser. Il y retrouve des êtres mythiques, des symboles comme des oiseaux sacrés et la plume qui dirige ses actions prières. Les rituels en médecine amérindienne sont importants et orientés autour de la plume, de la sauge, de la coquille d'abalone dans un but de purification de l'individu et de l'environnement. C'est précisément ce qui est important dans un processus de vie : prendre le temps d'éliminer, désintoxiquer l'âme et l'esprit.

Le tambour et le chant rappellent la relation entre l'homme, la nature et l'Univers. Ils aident l'enracinement. Quand la personne vieillit, l'énergie de peur est de plus en plus présente et le contact avec le son de la terre peut être un outil de transformation. On retrouve encore la nécessité du contact avec le moment présent. La roue de médecine, avec son cercle et sa croix au centre, varie selon les nations. Elle représente toujours la route du ciel et la vie avec des éléments de la nature qui permettent le travail de la guérison. Les rayons entre le cercle et la croix correspondent à des âges d'apprentissage, à des âges de l'accueil, à des âges du polissage de la personnalité et à des âges de sagesse. Pour vieillir en santé, il y a quatre points cardinaux qui sont bien identifiés : zone de prières à l'est, état physique au sud, état émotionnel et courage à l'ouest, état mental et introspection au nord.

La personne vieillissante se tournant lentement vers le nord de sa vie est invitée à transmettre des énergies de bienveillance, de sagesse, et à faire le bien autour d'elle. C'est le temps d'enseigner aux autres générations.

Selon cette tradition, si on veut avancer en âge et en sagesse, il est suggéré d'user de vigilance envers les pensées négatives. Pour ce faire, la loge de sudation est le summum de la purification. L'homme-médecine recommande périodiquement le nettoyage de l'individu et de son environnement par la sauge.

Rituel de purification à la sauge

1. Dans la coquille d'abalone, placer quelques feuilles de sauge séchées.

2. Puis, enflammer les feuilles jusqu'à l'obtention d'une fumée.

3. Alimenter la fumée à l'aide d'une plume de dindon sauvage ou d'aigle.

4. Faire diriger la fumée dans les quatre directions.

Ce rituel est important pour purifier l'être qui vieillit et qui veut préserver et « ménager sa monture » avec conscience. Toutes les cultures ont enseigné des rites de jeûne, de purification et la méditation. Pour les Amérindiens, les herbes sacrées, dans le processus de purification, sont importantes : le foin d'odeur et le genévrier peuvent aussi être utilisés pour purifier l'habitat. Par exemple, si l'on a des troubles de sommeil ou une tendance à faire des mauvais rêves, les capteurs de rêves, surtout chez les jeunes enfants, peuvent créer un espace de guérison. Les pierres et les cristaux complètent souvent le rituel avec le chant pour aider à éliminer les tensions sous forme de prière.

Sans fondement de sagesse ni spiritualité, il ne peut y avoir de société équilibrée. On se retrouve alors avec un monde sans but, sans espoir, sans sens de la vie. Le vieillissement s'en trouve autant perturbé. Dans les beaux écrits de la sagesse amérindienne traditionnelle, on peut y lire que susciter la joie, chanter dans la joie et laisser circuler la beauté dans les cœurs sont des garanties de vieillesse heureuse. Dans les dernières années, on s'est intéressé à l'âme et à son siège. Certaines recherches récentes la situent au niveau du cœur. Rollin McCrety, Ph. D., et ses collaborateurs de l'*Institut Hearth Match* ont étudié les réactions physiologiques que pouvaient présenter deux sujets qui entretiennent des liens affectifs entre frères et sœurs, conjoints, amis, etc. Ils ont mis en lumière le fait que, lorsqu'un événement est présenté à un individu au moment où l'autre ne fait aucune tâche spécifique, les mêmes changements physiologiques sont simultanément enregistrés chez l'un et l'autre sur le plan de l'électroencéphalogramme et de la variabilité cardiaque. Ces expériences font réfléchir sur les microchamps électromagnétiques qui peuvent nous relier. Y aurait-il au niveau du cœur une fonction électromagnétique difficilement mesurable? Peut-on aussi joindre les aïeux qui nous ont quittés? La notion du tout est encore une fois omniprésente. Des exercices s'inspirent souvent du chant et de la musique et appellent à transformer les émotions conflictuelles.

Dans le livre *Guérir sa vie,* nous avons appris que la colère est une émotion qui rend l'individu fort vulnérable, autant dans sa biologie que dans ses émotions, et le place souvent sur le chemin de maladies. Dans la sagesse amérindienne, les pensées et les habitudes deviennent des réalités et si elles sont surtout négatives, elles nous apportent une réalité négative génératrice de la maladie. Les prières et les mantras sacrés favorisent l'espoir en remplaçant les pensées destructrices. On entend souvent le sage dire : « Lorsque l'amour et le pardon forment un ruisseau dans votre cœur, vous libérez une grande énergie de votre corps ». Cette sagesse nous enseigne toujours le moment présent par les silences répétés et nous montre les cycles naturels, les cycles des saisons, les cycles de notre vie, pour prévenir la maladie. Cette sagesse fait l'éloge de la beauté dans la simplicité.

Cette courte incursion en médecine amérindienne a pour but de vous faire comprendre ces enseignements et de les actualiser par des rituels ou des exercices qui vous conviennent. Le but de cette réflexion n'est pas que tout le monde pratique la médecine amérindienne, mais de susciter une réflexion qui pourrait nous conduire à mettre en pratique certains rituels guérisseurs.

La médecine chinoise

La théorie du Yin et du Yang

Les plus anciens écrits sur le Yin et le Yang se retrouvent dans le livre des mutations (700 ans av. J.-C). Les idéogrammes chinois symbolisent par le Yin et du Yang les côtés ombragés et ensoleillés de chaque individu.

Correspondances du Yang
Lumière, soleil, clarté, activité, ciel, rond, temps, est, sud, gauche.

Correspondances du Yin
Obscurité, lune, ombre, repos, terre, espace, plat, ouest, nord, droite.

Le Yin est caractérisé par une émotion de calme, tandis que le Yang est plutôt tonique. C'est la raison pour laquelle nous soulignons la faiblesse du Yin dans le processus de vieillissement prématuré concomitant de la baisse d'hormones où l'on peut se retrouver dans une grande détresse physique et psychologique.

À la naissance, nous avons une quantité d'énergie Yin qui nous nourrira toute notre vie. Cette quantité dépend de notre code génétique et de l'énergie transmise par les ancêtres que nous pouvons évaluer avec les pouls chinois (rein – eau, rein – feu). Cette énergie Yin est en forte relation avec nos hormones et si nous l'exploitons de façon exagérée, elle s'épuise plus rapidement. Quand la production d'hormone diminue à la ménopause et à l'andropause, le Yin faiblit, mais on retrouve souvent des individus en poste de commande dans leur carrière avec des peurs grandissantes. C'est la rupture du Yin et du Yang, c'est l'anxiété, l'insomnie, la dépression, l'infarctus du myocarde ou l'acv. Pour contrer ce phénomène, un retour à soi tous les jours est important sous forme de silence, de méditation, de yoga et de question telle que : « Qui suis-je? ».

Le Yin engendre le Yang et le Yang engendre le Yin comme le jour vient après la nuit et la nuit après le jour. C'est le cycle éternel de la vie où il peut être nécessaire de passer par la maladie pour *Guérir sa vie.*

Le contact avec la médecine chinoise permet d'intégrer la notion d'équilibre dans la compréhension de la guérison et du vieillissement. Il devient maintenant évident que la maladie ne tombe pas du ciel et que son apparition résulte d'une combinaison de plusieurs facteurs : émotions, alimentation, génétique, synchronicité dans le temps, etc.

L'être humain fait partie d'un tout

Je comprends, entre autres, que les climats et les événements météorologiques obéissent à des lois cycliques prévisibles et que ces lois influencent largement la physiologie des êtres vivants. Par exemple, au printemps, le foie est l'organe dominant; en été, le cœur; en automne, le poumon, et en hiver, les reins sont dominants. La rate, pour sa part, domine dans les intersaisons. Elle est le réservoir de l'énergie intérieure nommée Yin, qui reçoit un surplus d'énergie durant la période située entre l'été et l'automne. C'est pourquoi, en médecine chinoise, nous parlons souvent d'une cinquième saison qui serait située entre l'été et l'automne, la saison de la rate.

La théorie du Yin et du Yang s'enrichit ensuite de la théorie des cinq éléments qui explique cette circulation d'énergie à travers les saisons et qui complète bien la théorie du Yin et du Yang. Cette théorie des cinq éléments a été élaborée par ZOU YAN (305 à 240 av. J.-C.) ainsi que le concept du Qi qui est aussi important dans la philosophie de la médecine chinoise. Pour le Qi, le corps et l'esprit sont considérés comme un tourbillon d'énergie et de substances vitales grâce à leur intervention.

La loi des 5 éléments au fil des saisons

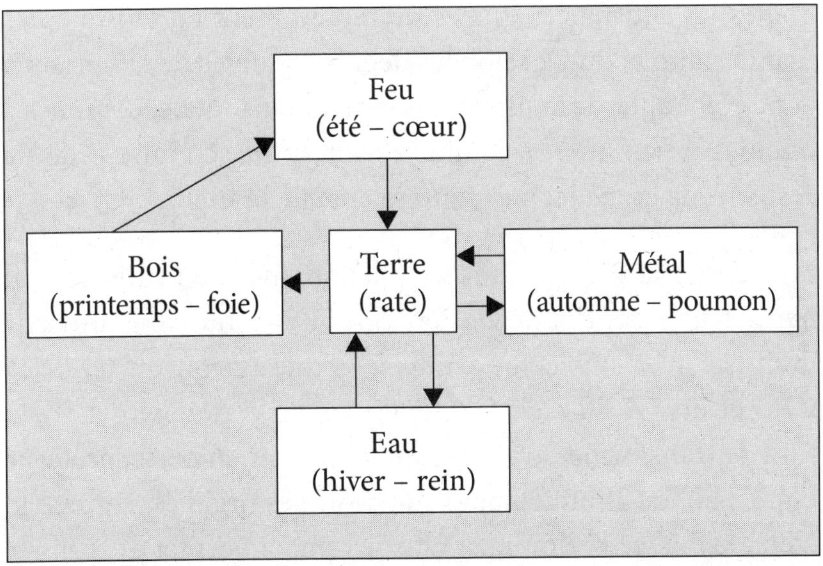

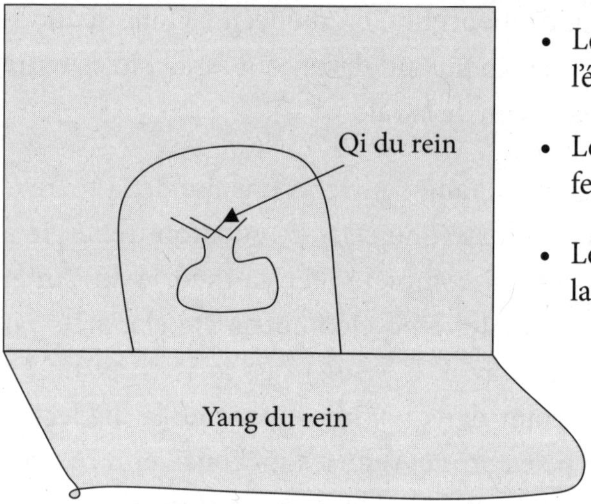

- Le Qi du rein est l'énergie produite.
- Le Yin du rein est le feu.
- Le Yang du rein est la base du foyer.

Feu de foyer qui illustre la notion du Yin, du Yan et du Qi.

À la base de tout mouvement se trouve le Qi (prononcé CHI). Toutes les substances vitales ne représentent en fait que des manifestations du Qi selon les degrés variables de matérialité, et peuvent aller de la matérialisation la plus totale, comme les liquides organiques, à l'immatérialité pure, comme celle de l'esprit, que la médecine chinoise appelle le shen.

Le Qi est à la base de tous les phénomènes de l'Univers et il permet une continuité de l'énergie. L'être humain proviendrait, selon la médecine chinoise, d'une fusion du Qi de la terre et du Qi du ciel. Les fonctions de cette énergie vitale sont de transformer, transporter, maintenir en place, protéger ou réchauffer. Il influence la fonction des organes, comme le cœur, le foie, le poumon, la rate, le rein, et permet d'exprimer la qualité de l'organe dans sa vitalité. Cette énergie varie selon les saisons et nous nous devons de prendre conscience de ces mutations saisonnières qui influencent notre santé. Par exemple, si vous avez une faiblesse du foie, le printemps pourrait être difficile si en plus il y a surcharge d'aliments gras ou de colère.

Les causes de la maladie

Selon la médecine chinoise, la maladie a souvent des causes émotionnelles internes, comme la colère, la tristesse, les soucis, l'excès de réflexion, la joie, la peur, et des causes externes qui peuvent venir d'accidents, de l'alimentation, de la température. Dans la genèse de maladie, nous devons tenir compte de la constitution. Le terrain (notre organisme) est fort important et nous avons la responsabilité de le connaitre. Nous devons partir à la recherche de nos possibles fragilités et les garder à l'œil.

Il existe en plus des causes externes à la maladie, comme nous l'avons mentionné : le vent, le froid, la chaleur, l'humidité, la sécheresse et le feu.

Examinons le cas d'Élisabeth pour mieux comprendre.

Élisabeth, 28 ans, apprend qu'elle est enceinte et elle est très heureuse, mais son compagnon lui annonce qu'il la quitte. Elle se retrouve donc dans un chagrin sans borne. Elle consulte pour des palpitations, des essoufflements et surtout pour des troubles de sommeil. Elle n'arrive plus à dormir. Elle se réveille la nuit. Et, surtout, elle se réveille souvent vers quatre heures du matin, ce qui peut être un symptôme de dépression si un tel réveil tôt le matin se produit pendant plusieurs semaines. Elle consulte donc pour comprendre ce qui se passe et le diagnostic de la médecine traditionnelle tombe : trouble d'adaptation et humeur dépressive, avec insomnie, anxiété et idées dépressives. On lui prescrit un antidépresseur. La vision en médecine chinoise lui expliquera que le choc émotif qu'elle a subi lors du départ de son conjoint a surpris le Qi, son énergie vitale, et que le choc a atteint le rein, le cœur et a épuisé son Qi du cœur, ce qui explique les palpitations, la dyspnée (difficulté respiratoire) et les insomnies. Il faut comprendre que si le même problème survenait autour de la cinquantaine, alors que notre Élisabeth pourrait avoir un choc émotif sans avoir une grossesse, elle pourrait ressentir les mêmes symptômes, mais l'énergie du Yin, l'énergie vitale ayant diminué, elle se retrouverait en danger de faire une dépression profonde. Si Élisabeth souffre d'une dépression majeure avec idées suicidaires, le traitement médicamenteux s'impose. Dans le cas de symptômes plus légers, le thérapeute de médecine chinoise procédera au rétablissement du Qi avec l'alimentation, l'acupuncture et les attitudes et exercices de vie (taï-chi et Qi-Gong) et la psychothérapie. Voilà un exemple concret de l'application du concept de santé globale.

CONCLUSION

Vieillir en jeunesse nous a amenés à prendre conscience d'une triade : le stress oxydatif, l'immunité et les hormones, que nous pouvons modifier et ajuster chaque jour en prenant conscience des six clés : alimentation, stress, mouvement, environnement, spiritualité et génétique. Il faut se souvenir que ménager sa monture signifie scientifiquement de prendre soin de ses télomères.

Vivre le vieillissement avec l'enseignement des médecines anciennes, comme le respect de l'âge, et avec l'attitude du penseur qui a vécu nous permettra de mieux intégrer les progrès technologiques et de mieux nous adapter à cette condition. Ces outils de travail hypertechnologiques ont tendance à nous individualiser, voire à nous « marginaliser » à l'extrême! Les enseignements de la nuit des temps mettent plutôt à l'avant-plan l'esprit communautaire nous empêchant de nous isoler et permettent de partager les connaissances (expériences) si chèrement acquises par le temps! C'est une possibilité plus grande d'échange et d'entraide à cette communauté qui nous entoure, à la famille ou au quartier. Être reliés par Internet nous tient bien loin de ce type de communication.

Gardons à l'esprit de ne jamais oublier de vivre. Mais qu'est-ce que vivre? Vivre, c'est la quête du moment présent. Et qui sait, peut-être du bonheur?

Cette réflexion sur le processus du vieillissement nous entraine dans le difficile espace où le concept de la mort devient omniprésent. Il ne faut surtout pas qu'il évolue vers une obsession. L'intégration du concept antiâge doit nous accompagner toute notre vie, non seulement passé la soixantaine.

Prendre de l'âge, c'est aussi intégrer dans notre corps ce ralentissement, non comme une stase à cacher mais à digérer et à métaboliser. C'est se transformer par la pratique d'activités spirituelles et ainsi servir sa communauté. Vieillir sans spiritualité peut devenir un enfer porteur d'idées suicidaires.

Toute cette philosophie doit être enrobée d'une bonne dose d'humour : rappelons-nous ce que Jeanne Calment, doyenne mondiale décédée en 2006, avait donné comme recette de vieillissement à l'aube de ses 126 ans :

« Rire, porto et chocolat! »

Et je vous laisse une information de dernière heure...

Une équipe de chercheurs de l'université d'Oxford, travaillant à l'université d'Oslo, a démontré que la combinaison de :

- VIN (de 30 à 100 ml par jour)
- CHOCOLAT NOIR (10 g par jour)
- THÉ VERT (250 ml par jour)

diminuerait les risques de troubles cognitifs de 41 à 53 %, selon une étude réalisée auprès de 2031 personnes âgées entre 70 et 74 ans (*Journal of Nutrition,* janvier 2009).

Merci d'avoir maturé quelques heures avec moi durant cette lecture!

Jean Drouin

Annexe

LES DIX MEILLEURS CONSEILS ANTIÂGES

1. Méditer tous les jours (20 minutes).
2. Marcher et faire des exercices (30 minutes, 5 fois par semaine).
3. Consommer des antioxydants tous les jours.
4. Rire 10 minutes par jour.
5. Prendre un verre de vin tous les jours.
6. Avoir une passion.
7. S'entourer de gens qui nous aiment (nourrir le cœur).

8. Soigner son habitat.

9. Transmettre son savoir aux plus jeunes.

10. Intégrer la triade de prévention au quotidien :

    - Stress oxydatif
    - Immunité
    - Hormone

Une triade antioxydante gagnante

- 1 cuillère à table de curcuma par jour (avec du poivre noir)
- 1 tasse de bleuets par jour
- 1 tasse de thé vert (250 ml) par jour

RÉFÉRENCES

1. Beliveau, Richard, et Denis Gingras, , *Les aliments contre le cancer*, Trécarré, 2005, 214 p.

2. Beliveau, Richard, et Denis Gingras, *La santé par le plaisir de bien manger*, Trécarré, 2009.

3. Borsarello, J. *Acupuncture*, Masson, 1981.

4. Chopra, Deepak. *La santé parfaite*, Aztess, 1990.

5. Coxon, Robert Haig. *The Silent Path (musique)*, 1995.

6. Crowley, Chris, et Henry Lodge, *Younger Next Year*, Workman Publishing Company, 2004, 321p.

7. De Coppens, Peter Roche *L'Amour*, Le Dauphin Blanc, 2003, 132 p.

8. Desjardins, Arnaud. au Québec, Stanké, 2002, p. 271.

9. Dossey, Larry. *Prayer is good medicine*, Harper, 1996, 250 p.

10. Drouin, Jean. *Guérir sa vie*, Le Dauphin Blanc, 153 p.

11. Gauthier, Jules. *L'intention au cœur de la conscience*, p. 37-39. Magazine Vivre, Volume 7, numéro 1.

12. Grün, Anselm. *Invitation à la sérénité du cœur*, Albin Michel, 1998, 172 p.

13. Housden, Roger. *Retreat*, Harper, 1995, 217 p.

14. JAMA. *L'exercice améliore la mémoire des ainés*, 3 septembre 2008.

15. Kirshnamurti, Jiddu. *Le livre de la méditation et de la vie*, Livre de poche, 1997, 397 p.

16. Maciocia, Giovanni. *La pratique de la médecine chinoise*, Satas, 1997.

17. Maury, E. *La médecine par le vin*, J'ai lu.

18. Methot, Denis. *Cardiologie quoi de neuf?*, Actualité Médicale, 28 novembre 2007.

19. Nedd, Kenford. *Power Over Stress*, QP press, 2003, 208 p.

20. Rauscher, Émilie, et autres. *Vivre sans vieillir*, Science et Vie, décembre 2007, p. 55-72.

21. Ricard, Matthieu. *L'art de la Méditation*, Nil, 2008, 149 p.

22. Roizen, Michael, et Oz Mehmet. *Réparez vos gênes*, Selection Reader's Digest, décembre 2008, p. 83-87.

23. Rollin, McCrety. *www.heartmath.org.*

24. Stephens, NG, et autres. Randomised controlled trial of vitamin E in patients with coronary disease : Cambridge Heart Antioxidant Study (CHAOS), Lancet 347 : 781, 1996.

25. Strauss. *Mort et Transfiguration*, 28 p.

26. Tessier, Daniel. *Les antioxydants et la maladie cardiovasculaire*, Le Clinicien, 2000, p. 91-97.

27. The Alpha-Tocophero, Beta Caroten Cancer Prevention's Study Group. The effect of vitamin E and beta carotene on the incidence of lung cancer and other cancers in male smokers, N Engl J Med 330 (15) : 1029, 1994.

28. Tolle, Eckhart. *Le pouvoir du moment présent*, Éditions Ariane, 2000, 220 p.

29. Trudel, Jonathan. *Vivre sans vieillir*, L'actualité, juillet 2008, p. 23-29.

30. Whang, Sang. *Le secret de la longévité*, Alphée, 2008, 275 p.

31. Willem, Jean-Pierre. *Au diable la vieillesse!*, Dauphin, 1999, 300 p.

32. *www.canadian-healt.ca.*

33. *www.neuroactive.ca.*

34. Yussuf, S., et les autres. Vitamin E Supplementation and Cardiovascular Events in High-Risk Patients – The Heart Outcome Prevention Evaluation Study Investigators, N Engl J Med 342 : 154, 2000.

35. Ywahoo, Dhyani. *Sagesse Amériendienne*, Le Jour, Montréal, 1987.

Pour joindre l'auteur, le lecteur est invité à écrire à l'adresse électronique suivante :

Drouin13@videotron.ca

MARQUIS
Marquis imprimeur inc.
Québec, Canada
2009